CHAMBRE FRANÇAISE DE COMMERCE ET D'INDUSTRIE
de la région de Rabat (Maroc)

Hinterland
et
Port de Rabat-Salé

NOTICE GÉNÉRALE
Septembre 1919

ÉTABLIE SOUS LES AUSPICES DE LA CHAMBRE DE COMMERCE DE RABAT

Par M. Léon PETIT

Ingénieur civil
Entrepreneur de Travaux publics
Membre de la Chambre de Commerce et de la Commission municipale de Rabat

LA PARTIE CARTOGRAPHIQUE A ÉTÉ DESSINÉE PAR

M. Félix PETIT
à Rabat

PARIS

HENRY BARRÈRE, Éditeur
11, Rue du Bac, 11

1920

CHAMBRE FRANÇAISE DE COMMERCE ET D'INDUSTRIE
de la région de Rabat (Maroc)

Hinterland
et
Port de Rabat-Salé

NOTICE GÉNÉRALE
Septembre 1919

ÉTABLIE SOUS LES AUSPICES DE LA CHAMBRE DE COMMERCE DE RABAT

Par M. Léon PETIT

Ingénieur civil
Entrepreneur de Travaux publics
Membre de la Chambre de Commerce et de la Commission municipale de Rabat

LA PARTIE CARTOGRAPHIQUE A ÉTÉ DESSINÉE PAR

M. Félix PETIT
à Rabat

PARIS
HENRY BARRÈRE, Éditeur
21, Rue du Bac, 21

1920

SOMMAIRE

LISTE DES CARTES

CHAMBRE FRANÇAISE
DE COMMERCE ET D'INDUSTRIE
DE LA RÉGION DE RABAT (MAROC)

Président

M. LABEYRIE, négociant à Rabat.

Vice-Président

M. GÉRARD, entrepreneur à Rabat.

Secrétaire

M. PETIT, entrepreneur à Rabat.

Trésorier

M. LE PAIRE, industriel à Rabat.

Membres

MM. BARBET, Directeur de Banque à Rabat.
    CHAUVET, négociant à Rabat.
    GUILLOUX, négociant à Kénitra.
    HOMBERGER, industriel à Rabat.
    LAUZET, négociant à Rabat.
    LEGARD, industriel à Rabat.
    DE SAINT PONS, industriel à Rabat.
    TÉTARD, négociant à Rabat.
    VERDIER, entrepreneur à Rabat.
    VIBAUX, négociant à Rabat.

Hinterland et Port de Rabat-Salé

CHAPITRE PREMIER

CONSIDÉRATIONS GÉNÉRALES

Le bulletin n° 5 de la société de géographie de Casablanca a publié dernièrement une conférence, faite au siège de cette société en juillet 1918, par M. Allix, professeur agrégé au Lycée de Lyon. Le conférencier s'exprimait ainsi :

« L'aménagement ou l'emploi de toute richesse naturelle, en vue d'un intérêt économique, soulève toujours des questions de géographie générale et relève nécessairement de cette science.

« Ces conditions fondamentales représentent les données du problème, que l'on ne peut méconnaître, puisqu'elles renferment la solution.

« A plus forte raison cela est-il, du problème des échanges, entièrement déterminé par la question des voies de communications.

« C'est le tracé des voies naturelles qui détermine l'emplacement des grandes cités commerçantes.

« L'aboutissement à la mer des routes ou des chemins de fer détermine l'emplacement des ports.

« En règle générale on peut poser que c'est *l'arrière pays* seul qui fait le port de commerce.

« *L'augmenter, c'est augmenter dans des proportions équivalentes la vie économique du port.*

« Inversement, toute région économique *tend à s'ouvrir un débouché maritime, fut-ce de force* ; soit en luttant contre les hommes, soit en luttant contre la nature rebelle.

« Par contre, si bien doué que soit un port au point de vue du site physique il ne peut prétendre à aucun rôle commercial, s'il n'a derrière lui l'arrière pays économique et les grandes routes indispensables. »

Au Maroc, comme sur tout le restant du Globe, l'augmentation de la population est fonction de l'accroissement des produits. Or ses 450.000 ou500.000 K. M. Q. nourrissent à peine 5 millions d'habitants — soit 10 habitants au K. M. Q. — tandis que la densité kilométrique peut, et doit atteindre le quadruple de ce chiffre, soit une population totale de 20 millions d'âmes.

Précisément, la partie du Maroc — l'Hinterland de Rabat-Salé — qui, dans son ensemble est des mieux adaptées à la production végétale et animale, par conséquent à l'alimentation humaine, est à peine entamée par le travail rationnel sur une faible portion de son pourtour ; les superficies ainsi influencées, se trouvent d'autant plus réduites que les *moyens industriels* de communication font défaut totalement. La culture de cet Hinderland est donc loin d'avoir le caractère intensif dicté par la science.

Cet état de choses cessera le jour où les voies ferrées sillonneront ce pays et favoriseront l'installation de nombreux colons français, éducateurs-nés des cultivateurs indigènes.

Tel est le but à poursuivre, inlassablement ; il se résume, en somme, à ceci : des ports, des voies ferrées aboutissant à ces ports ; des terres de culture autour de ces voies ferrées.

CHAPITRE II

HINTERLAND

Limites

L'Hinterland de Rabat-Salé développe en façade sur l'Océan Atlantique, une soixantaine de kilomètres, comptés à partir de Bou Znika. Il est limité au Nord par l'Hinterland de Kénitra et au Sud par celui de Casablanca.

La limite Nord emprunte l'axe longitudinal de la grande forêt de Mamora, coupe l'Oued-Beht peu au Sud de Dar-Bel-Hamri, passe légèrement au Nord de Meknès, de Fès et de Taza.

La limite Sud part de Bou Znika, passe à l'Oued-Zem, à Kasbah Tadla et s'enfonce dans le Haut-Atlas Oriental.

On peut donc poser que l'Hinterland de Rabat-Salé avec les trois capitales Fès, Meknès et Rabat, comprend les pays Zaër, Zemmour, Iguerouan du Sud, Beni Mtir, Beni Mguild, Aït-Youssi, et, en un mot, tout le Moyen-Atlas, plus le Haut-Atlas Oriental situé à l'orient de Tazeraft ; cette partie de Haut-Atlas commande le Tafilelt, contrée d'oasis très fertiles, rattachée à Fès depuis un temps immémorial.

Si nous limitons provisoirement son aire géographique au méridien de Fès et aux pentes Sud du Moyen-Atlas, la superficie ainsi obtenue est égale à 30.000 kilomètres carrés.

Cet Hinterland comporte des plaines et des plateaux, des terres de culture et des pâturages, des forêts majestueuses, des gisements miniers et des carrières, des cours d'eau flottables ou non flottables, des forces hydro-électriques tantôt importantes, tantôt très modestes et, chose précieuse, une main-d'œuvre abondante autant qu'intelligente. Ce sont ces richesses qu'il s'agit de jeter dans la circulation mondiale pour le plus grand profit de la France et du Maroc ; moyennant quelles dépenses de premier établissement ? Les dépenses nécessaires pour la création d'un port et l'établissement de quelques centaines de kilomètres de chemins de fer et de routes, ainsi qu'on le verra plus loin.

Géographie physique

La côte Atlantique du Maroc possède très peu d'indentations capables d'offrir une sécurité suffisante aux navires ; les opérations maritimes s'exécutent donc sur des rades très ouvertes, d'où l'emploi d'allèges et de remorqueurs, chargeant d'un grand poids les frais de manutention de la marchandise qui subit au surplus la formidable sujétion des *avaries* et surestaries.

La rigidité du littoral est cependant rompue en deux points : l'estuaire du Bou-Regreg et celui du Sébou. Ces deux cours d'eau de plusieurs centaines de kilomètres arrivent à l'Océan à travers *une barre* d'une certaine importance à Rabat — 600 à 700 mètres — plus accentuée à Méhdya, où le chenal d'entrée se présente presque parallèlement à la côte sur une assez grande longueur. Cette disposition explique partiellement la défaveur qui a pendant longtemps pesé sur Méhdya. En 1911 les français trouvèrent cette ville à peu près abandonnée.

Ainsi que tout le Maroc occidental, l'Hinterland de Rabat-Salé est constitué par des plateaux étagés depuis l'Atlantique jusqu'au pied de l'Atlas ; leur sous-sol, formé par des *terrains primaires*, témoigne de l'existence d'un ancien continent arasé, au cours des âges géologiques. C'est ainsi que dans le pays Zaër, le soubassement primaire des dépôts crétacés s'aperçoit entre 700 et 800 mètres d'altitude; plus au nord dans les Zaïan, le plateau d'Oulmès s'élève à 1300 m. Ces terrains anciens ont été recouverts de sédiments secondaires et tertiaires, de faible épaisseur, qui en de nombreux points laissent apercevoir le « substratum. »

Depuis le mémorable voyage de Foucauld, on distingue dans l'Hinterland de Rabat-Salé deux chaînes de montagnes : le Moyen-Atlas, et le Haut-Atlas oriental, de direction générale S. O.-N. E.

Le Moyen-Atlas qui constitue la citadelle, le réduit presque inexpugnable des Berbères dissidents, se trouve actuellement entamé par nos armes. Des groupes mobiles circulent entre Meknès et la haute Moulouya, ou plus loin au-delà de l'Atlas vers Rich et Bou-Denib. On a créé de nombreux postes tels Timhadit, Bekrit, Ta-

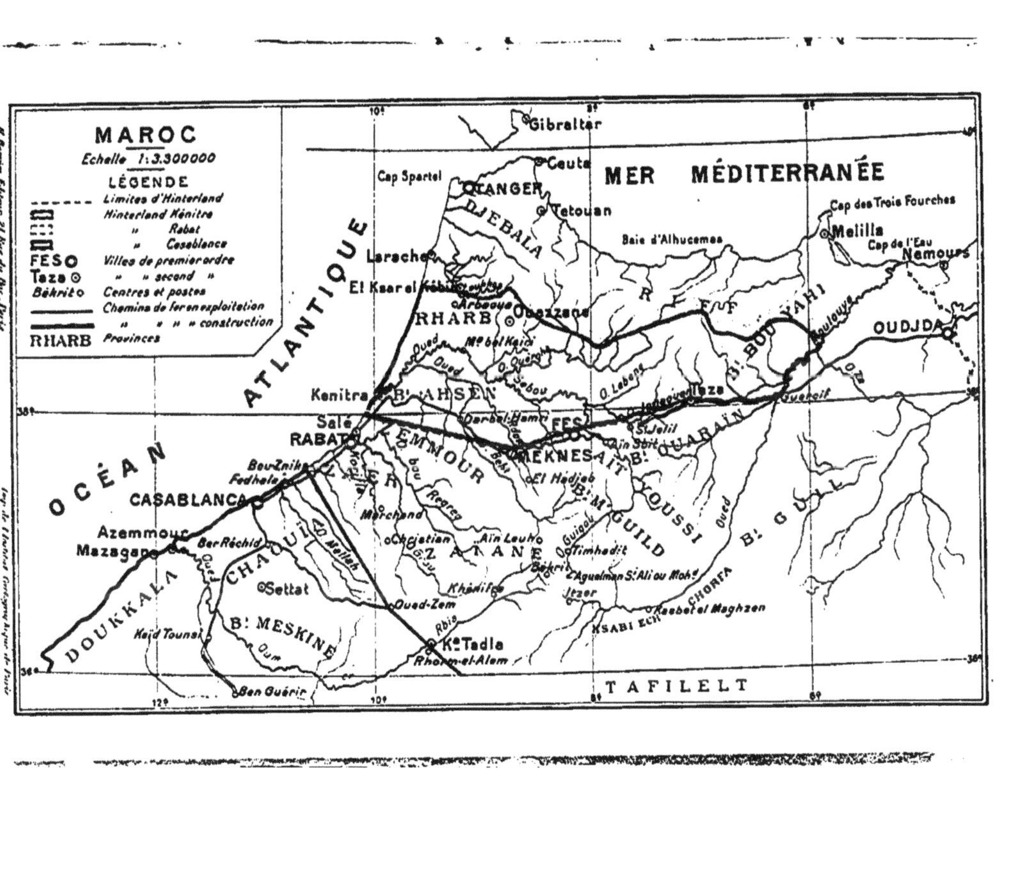

MAROC
Echelle 1:3.300000
LÉGENDE
Limites d'Hinterland
Hinterland Kénitra
" Rabat
" Casablance
Villes de premier ordre
" " second "
Centres et postes
Chemins de fer en exploitation
" " " " construction
Provinces
FESO
Taza
Béhrit
RHARB
OCÉAN ATLANTIQUE
MER MÉDITERRANÉE
Gibraltar
Ceuta
Cap Spartel
TANGER
Tetouan
DJEBALA
Baie d'Alhucemas
Cap des Trois Fourches
Melilla
Cap de l'Eau
Namours
Larache
El Ksar el Kébir
Arbaoua
Ouezzane
RHARB
Mᵈ bel Kaid
O. Quem
Oued
Sebou
O. Lebene
Dj. BOU YAHI
OUDJDA
Kenitra
Bᵗ AHSEN
Dar bel Hamri
Mouilouya
Oza
Kénitra
Salé
RABAT
FES
Jelil
Taza
Guercif
QUARAÏN
Bᵗ
Ain Sbit
MEKNES
AIT Bᵗ
Bou Znika
Fedhala
EMMOUR
Beth
El Hadjeb
Bᵗ Mᵗ GUILD
YOUSSI
Bᵗ GUIL
CASABLANCA
Merchand
Ain Leuho
Guigol
oued
Azemmour
Mazagan
Ber Réchid
Chrjatian
ZAIANE
Timhedit
Aguelman Sᵗ Ali ou Mohᵈ
CHORFA
DOUKKALA
CHAOUIA
Settat
Khénifra
Bekri
Itzer
Kasbet el Maghzen
Kaid Tounsi
Bᵗ MESKINE
Oued-Zem
Rbia
KSABI Ecli
Ben Guérir
Kᵗ Tadla
Rhorm-el-Alem
TAFILELT

mayoust, Itzer, Middelt etc..., reliés par une route où cheminent les convois de ravitaillement.

Cette géniale opération militaire semblable, à vingt siècles de distance, à celle de Paulus Suétonius Consul, mais plus heureuse, coupe en deux parties tel un coup de hache, le bloc Berbère dissident.

Trois chaînes ou plutôt trois gradins, constituent l'ensemble du Moyen-Atlas ; la première commence à l'Ari-Haïan (3000 m.) et se continue jusqu'à Taza et les Riata dissidents ; la deuxième, ou chaîne centrale prend son origine au Djebel-Amhaouch, pour se terminer au Djebel Moussa ou Salah (4000 m.), magnifique dôme couvert de neige, visible de tout le Maroc oriental; enfin la troisième chaîne, la plus méridionale, va finir au Djebel Keddanin, et forme le versant de gauche de la moyenne Moulouya.

Des flancs de ces trois chaînes descendent : le Guigou ou haut Sébou, l'Oued Beht, affluent de rive gauche de ce fleuve, le Bou-Regreg et le Grou jumeaux, l'Oum-Rbia et son tributaire l'Oued-el-Abid.

Le Haut-Atlas oriental est peu connu ; il se compose (Thomson) d'une série de chaînes étagées s'élevant jusqu'à la chaîne principale qui conserve une altitude moyenne de 3000 m. Cependant de Segonzac (1904-1905) a reconnu un certain nombre de sommets égalant ou dépassant 4000 m. Tels sont le Djebel Maasker et l'Ari-Aïach (4250 m.). Des environs de l'Ari-Aïach, divergent trois réseaux hydrographiques : celui de la Moulouya, celui de l'Oum-Rbia et celui de Ziz. Comme les sources du Sébou et du Guir se trouvent à proximité, M. Augustin Bernard a pu dire « qu'il y a là un véritable chateau d'eau du Maroc, d'où les fleuves s'écoulent dans toutes les directions. »

De ces fleuves, les uns portent leurs eaux à l'Atlantique, tels le Sebou, le Bou-Regreg et l'Oum-Rebia ; parmi les autres, la Moulouya se jette dans la Méditerranée et enfin l'oued Ziz vient expirer dans les sables et les merdjas (marécages) du Tafilelt.

Le Sébou, en montagne, est très rapide et dit-on peu flottable ; le Beht, le Bou-Regreg, le Grou, ne sont ni navigables, ni flottables ; l'Oum-Rbia (débit 40 m³ seconde à l'étiage), est flottable même à l'amont de Khenifra ; les indigènes utilisaient naguère son courant rapide pour transporter les bois de chêne, de cèdre et même de pin, jusqu'à Azemmour, ville de l'embouchure. Toutefois, le Bou-

Regreg peut-être remonté par de petites embarcations jusqu'à 20 kilomètres de Rabat.

Tous ces cours d'eau, sauf le Sebou, entaillent profondément le plateau général, la pénéplaine, creusent des «cañons», au fond desquels grondent leurs eaux rapides, et vont finir à l'Océan sans avoir pu fertiliser *faute d'ouvrages*, d'autres terres que quelques parcelles infimes placées en bordure de leur lit.

Le Sebou s'est creusé son sillon à travers les contreforts du Moyen-Atlas et du Rif pour venir dérouler ses nombreux méandres dans la plaine *quaternaire* à laquelle il a donné son nom. Cette plaine, ancien golfe des mers *tertiaires*, de l'époque relativement récente où l'échange des eaux entre l'Océan et la Méditerranée s'opérait par le détroit Sud-Rifain ou de Taza, présente des parties dans lesquelles le sous-sol est encore salé.

Le climat et les eaux

Le Maroc est beaucoup plus favorisé que l'Algérie et la Tunisie, à cause de ses hautes montagnes et du voisinage de l'Océan, d'où soufflent les vents d'O. et du S. O. chargés d'humidité. Au point de vue des vents chauds (siroco, chergui), le Maroc occidental est garanti, dans une large mesure, des influences sahariennes par le Haut-Atlas.

La température moyenne est assez basse vers la côte ; on a constaté des températures au-dessous de zéro peu au nord de Rabat (L. Gentil). A l'intérieur, les variations journalières sont grandes et plus grandes encore les différences entre les températures d'été et d'hiver. La température absolue, à l'ombre peut dépasser 40° en été et même se rapprocher de 50°. Entre Rabat et Fès on à noté (Th. Fischer) un accroissement régulier de 1° par journée de marche. La moyenne annuelle est d'environ 17° à Rabat 18° à Meknès et 19° à Fès. A El Hajeb on a constaté 4° moyenne des minima et + 42° moyenne des maxima (annuaire économique du protectorat 1918-1919). Les températures sont autrement rigoureuses vers Timhadit, Bekrit et la Haute-Moulouya.

Ces chiffres indiquent que le littoral jouit d'un climat assez frais pendant la saison chaude : ce phénomène est dû à l'existence d'un courant froid, tangent à la côte, et se dirigeant vers le Sénégal. Le courant froid n'aurait qu'une largeur de 12 kilomètres, suffisante cependant pour abaisser la température de la zone littorale de 5°. Cette zone littorale est caractérisée, l'été, par des brumes ou des brouillards assez fréquents et par des rosées abondantes, ce qui ramène alors le maximum thermométrique à 25° ; on compte à Rabat environ 40 jours de brouillard, se répartissant surtout en été, avec humidité relative de l'atmosphère de 80 %.

Cette humidité atmosphérique influence une bande de territoire de 100 kilomètres de largeur au droit de Rabat.

Les pluies sont principalement apportées par les vents d'O. et de S. O. régnant en hiver : la période pluvieuse dure de fin septembre à fin mai, et quelquefois jusqu'en juin ; juillet, août et septembre sont absolument secs.

Les chutes moyennes annuelles marquent au pluviomètre : Rabat 600 m/m. Meknès 570 m/m. Tiflet 500 m/m. El Hajeb 650 m/m. Tadla 350 m/m. Moyen et Haut-Atlas 800 m/m. Centre, Marrakech 270 m/m. Mogador 400 m/m et Casablanca 420 m/m.

La région montagneuse on le voit est la mieux partagée ; sur les parties élevées les précipitations se font presque toujours sous la forme de neige ; de novembre à avril, le blanc manteau s'étend à partir de la côte 1000 ; on a constaté son existence en juin à 2.700 mètres d'altitude. Certains voyageurs en ont conclu à des neiges éternelles, mais il paraît qu'il faut renoncer à cette hypothèse ainsi qu'à celle de l'existence de névés.

Ces abondantes chutes de neige assurent un débit continu à tous les fleuves sans exception qui dévalent des hautes montagnes. Ce débit, les dénivellations considérables franchies par les eaux, permettent d'escompter l'aménagement des chutes pour le captage de l'énergie qui se perd vainement. Le Protectorat procède depuis quelques années à l'inventaire des ressources hydrauliques du Maroc Occidental, mais cette œuvre n'est pas encore au point. Nous sommes cependant convaincus qu'il peut être capté dans l'Hinterland de Rabat-Salé, la quantité de 200.000 H.P. représentant l'utilisation de la *cent millième partie* des précipitations annuelles en montagne.

S'il est exact que dans un Maroc bien colonisé « les fleuves seront bus par l'Agriculture » (Aug. Bernard), l'irrigation des plaines et des plateaux de l'Hinterland pourrait disposer d'un débit par seconde à l'étiage ainsi évalué :

Haut-Sebou.	20^{m3}
Oued-Beht	5^{m3}
Bou-Regreg-Grou, affluents . .	5^{m3}
Oum-Rbia, Oued-Abid . . .	20^{m3}

$\left. \begin{matrix} \\ \\ \\ \\ \end{matrix} \right\} 50^{m3}$

Soit un total de 5o^{m 3}, qui peut arriver à 75^{m 3} si on y ajoute les abondantes sources du Saïs (Fès), des environs de Meknès, d'Azrou, d'Aïn Leuch et des plateaux Zemmour et Zaër, c'est-à-dire un volume d'eau largement capable d'irriguer 75.000 à 100.000 hectares.

Au surplus, en de nombreux points des retenues, des barrages réservoirs peuvent accumuler les eaux des crues, perdues actuellement, puis les répartir pour l'irrigation de certaines zones d'importance variable évaluées dans le seul Hinterland de Rabat-Salé à un total de 5o.000 hectares.

Les populations autochtones

« Anthropologiquement, dit le docteur Huguet, le Maroc est une « mosaïque ethnographique tellement complexe, qu'on a même pu « établir des comparaisons avec certains types d'Extrême-Orient ». C'est ainsi qu'il signale des éléments mongoloïdes dans le Rif et la région de Fez, des éléments malais chez les Zemmours, les Zaër et les Beni Hassen. Mais les principaux rameaux peuvent être ramenés à trois : Berbères, Arabes, Juifs, formant un total d'un peu plus de 5 millions d'individus, savoir : 4 millions de Berbères, 1 million d'Arabes et 200.000 Juifs.

Antérieurement à l'hégémonie romaine, les régions du littoral méditerranéen, à l'exception de la Cyrénaïque et de Carthage, appartenaient à des tribus peu connues des Phéniciens, des Egyptiens et des Grecs ; on les désignait par le nom de Berbères. Le grand conteur Hérodote relate que des aventuriers Nasamons, peuple nomade du rivage de la mer des Syrtes, tentèrent une expédition à travers le grand désert des sables, au delà duquel ils trouvèrent des plaines où les arbres croissaient spontanément, des régions marécageuses et aussi un grand fleuve dans lequel s'ébattaient des crocodiles. On identifie le grand fleuve des crocodiles avec le Niger.

On sait que les comptoirs carthaginois jalonnaient, à une journée de navigation l'un de l'autre, tout le littoral atlantique de Mauritanie jusqu'au delà du Rio-de-Oro ou du Cap Vert et même jusqu'à Sierra-Léone. Il y eut certainement croisement entre Carthaginois et Autochtones. Plus tard, Romains, Vandales et Grecs ajoutèrent divers éléments ethniques au mélange déjà considérable des races. Les Arabes, pasteurs et guerriers, vinrent à leur tour occuper avec une terrible impétuosité les plaines et les plateaux du Maghreb, du moins les parties qui convenaient au libre parcours de leurs troupeaux de moutons et de chameaux. Ils convertirent de vive force les Berbères et autres habitants du pays qu'ils entraînèrent à la conquête de l'Espagne et du pourtour occidental de la mer Latine.

Mais, d'où venaient ces Berbères, primitifs conquérants de l'Afrique mineure, qui portaient leurs groupements jusque sur les bords du fleuve Sénégal ?.

L'histoire écrite témoigne des exodes de Sémites, d'Aryens et de Mongols, dans la vallée du Nil ; ces peuples ont pu dépasser les bords du fleuve Dieu et pousser plus loin, à travers la région des oasis et des steppes herbeuses, aujourd'hui desséchées, qui occupaient vraisemblablement une très grande partie du Sahara actuel : Ainsi s'expliquerait la présence des mongoloïdes dans le Rif et à Fez. Cette hypothèse du Sahara plus humide est très vraisemblable : Flinders Pétric, Griffith et autres admettent qu'il y a eu modification de la pluviosité pendant la période humaine ; d'anciennes inscriptions égyptiennes parlent, en effet, de troupeaux énormes paissant dans les régions actuellement calcinées par le soleil ; un grand nombre de monuments avec inscriptions et sculptures, s'élevant en plein Sahara, prouvent de reste qu'il fut habité dans une certaine mesure et avec une densité de population autrement importante que celle de nos jours.

Quoi qu'il en soit, on constate actuellement que le type Berbère ou Chleuh se rencontre également sur les bords du Haut-Nil, en Éthiopie, dans le Sahara, dans toute la Berberie, aussi bien vers le Haut-Atlas que chez les Rifains bruns et la Kabylie Algérienne.

La parenté des Égyptiens et des Berbères est notamment prouvée par le fait que les Guanches, ces Chleuhs des Canaries, se servaient d'hiéroglyphes et qu'ils savaient momifier les cadavres.

Cette race, était en possession d'un mode d'écriture propre, inconnu des autres nations : on ne la rencontre plus que chez les Touaregs et sur les côtes Trarzas, légèrement défigurée et amoindrie. La plus ancienne inscription berbère est celle de Thugga, en Tunisie, où elle se présente associée à un texte punique.

La forme géographique de l'Afrique Mineure facilita les conquérants arabes ; tandis que les côtes d'Algérie sont presque partout bordées de monts abruptes et n'offrant que de rares ports naturels, les rivages tournés du coté des Syrtes se continuent en pente douce vers les plaines et les plateaux de l'intérieur. Des vallées parallèles à la mer, des couloirs naturels se succèdent à travers les hautes steppes jusqu'au Grand Atlas qu'ils franchissent aisément à Taza. Plus au sud, le chemin des Oasis, de Gabès, à Tozeur, à Biskra et à l'Oued Dra, permet de suivre la base des Monts Aurès, des Amour, du Haut-Atlas et de l'Anti-Atlas jusqu'à l'Atlantique. Ces routes naturelles furent les voies d'accès qu'empruntèrent les peuples conquérants ; cependant, les guerriers de Sidi Okba, lors de la première invasion, arrivèrent à Tanger par Taza et piquèrent ensuite droit au Sud. L'invasion Hilalienne du XI⁰ siècle s'opéra plutôt par infiltrations prolongées : c'étaient des émigrations par familles (Dʳ Huguet). La grande occupation s'est faite surtout par la voie du Sud ; des tribus entières parties de la Tripolitaine s'installèrent en corps dans la Saguiet El Hamra (Dʳ Huguet). Avec le même auteur on peut dire qu'au Maroc tous les massifs montagneux sont et resteront berbères pendant des siècles et que l'élément arabe s'est confiné dans les plaines et les plateaux : telles les tribus Hamyan, Riah, Khlot, Béni Hassen, Rehamma, etc...

La prise de Jérusalem par Titus, l'extermination des guerriers juifs et l'expatriation complète de la nation furent l'un des faits les plus tragiques, dans l'histoire des grands drames de l'humanité. Les exilés Béni-Israël se répandirent surtout dans l'Afrique du Nord, attirant à la religion monothéiste la plus grande partie des tribus berbères. On voit aux environs de Souk-Ahras (Constantine) une tribu d'origine berbère, les Hennencha, ayant encore des fractions de religion mosaïste. D'après M. Slousch, les Juifs du Maroc sont répartis en quatre groupes, trois dans le Bled Makhzen et un dans le Bled Siba, savoir : 1° Judéo-espagnol à Tétouan, Tanger, Larache ; 2° Judéo-arabe à Fez, Meknès, Rabat, Casablanca, Mazagan ; 3° Judéo-berbère à Safi, Mogador, Marrakech, Taroudant ; 4° Groupe juif ancien des Glaoua, du Dadès, du Haut Dra, du Tafilalet. Les Juifs de ce dernier groupe sont les plus malheureux de tous les humains ; ils vivent dans l'esclavage le plus terrible et leur vie compte moins que celle d'un agneau ou d'une chèvre ; ils paraissent appartenir à la tribu de Siméon.

Telles sont les races avec lesquelles les Français sont appelés à vivre au Maroc et dont il est indispensable de connaître par le détail les mœurs et les sentiments si l'on veut réussir l'œuvre de la colonisation.

CHAPITRE III

AGRICULTURE

Sols

La superficie totale du Maroc français est évaluée à environ 420.000 kilomètres carrés, dont nous occupons effectivement plus de la moitié, soit 250.000 kilomètres carrés. La part de l'Hinterland de Rabat-Salé, limité comme il est dit plus haut par le méridien de Fez et la Haute-Moulouya, 30.000 kilomètres carrés, est donc égale au 1/14 de la superficie de la zone française.

On distingue dans cet Hinterland :

1° *La zone côtière* qui reçoit 600 ᵐ/ᵐ de pluie ainsi que d'abondantes rosées et jouit, en outre d'une température modérée, toutes conditions favorables pour les cultures céréalières : orge, blé, avoine, maïs etc... qui prospèrent sans avoir recours aux irrigations et auxquelles il convient de joindre la culture du lin, du fénu grec et des fèves. Les irrigations sont ici exclusivement réservées aux cultures maraîchères et fruitières.

Les pays Zaër et le haut pays Zemmour, assez riches en sources et cours d'eau à débit continu constituent une grande région d'élevage. Les cultures fruitières pourraient y être entreprises avec des chances certaines de succès.

2° *La région Meknès-Fès* bien pourvue en eaux courantes, cultive également les céréales et les légumineuses ; au surplus, la vigne, l'olivier, les cultures irrigables maraîchères et fruitières, le maïs, le sorgho y viennent parfaitement ; il existe même quelques rizières à l'aval de Meknès.

La plaine de Béni Mtir, entre Fès et Meknès est formée de grés et de poudingues reposant invariablement sur une couche d'argiles ;

il existe à la base de ces roches et à une faible profondeur, une nappe aquifère puissante qui donne naissance à une infinité de sources et de petits cours d'eau : tels sont l'Oued Fès, l'Oued N'ja, l'Ouislam, le Rdom etc... Cette plaine rappelle d'une manière frappante la plaine de la Mekerra vers Bel-Abbès (Oran) dont il est à peine besoin de rappeler l'immense richesse.

3° *Le Moyen et le Haut-Atlas* assez peu connus, parce que situés généralement en zône dissidente, sont formés en très grande partie par des terrains perméables recevant 800 ᵐ/ᵐ de pluie. L'irrigation est indispensable au développement de la végétation ; les cultures d'hiver dans les régions plus ou moins abritées et peu élevées, relativement, comprennent l'orge surtout et un peu de blé. Dans ces parties, l'arboriculture occupe un bon rang et utilise des parcelles de faible superficie irrigables le plus souvent en terrasses semblablement à ce qui se pratique dans les Alpes, les Cévennes et les Pyrénées.

« Un sol, écrit M. L. Gentil, est surtout fonction de la roche mère, des organismes ou de leurs transformations ultérieures et des conditions physiques du pays qui comprennent, d'abord le climat, ensuite, le relief. »

Les différents sols classifiés par les indigènes suivant leur degré de fertilité se présentent dans l'ordre suivant :

Tirs, Hamris, Remels

1° *Tirs*

Terres noires, franches, analogues aux « Tchernozion » de l'Ukraine, de très grande fertilité, appelées à un grand avenir et qui s'étendent dans le Maroc occidental, entre les Zaër et les Abda, autrement dit entre le Bou-Regreg et le Tensift ou rivière de Marrakech.

Le Docteur Weisgerber, évaluait à 200.000 hectares la superficie totale des tirs noirs ainsi délimités.

A notre avis, le dixième au moins de cette superficie est enclavé dans le territoire Zaër ; mais à ces 20.000 ou 25.000 hectares il y a lieu d'adjoindre les terres noires des Béni-Mtir, au moins 10.000 hectares, celles des Iguerouan, vers l'Oued Frah et Aïn-Lorma, soit 5.000 hectares, celles enfin des Zemmour entre Tiflet et Agouraï soit 10.000 hectares. Au total 50.000 hectares de terres de tout premier

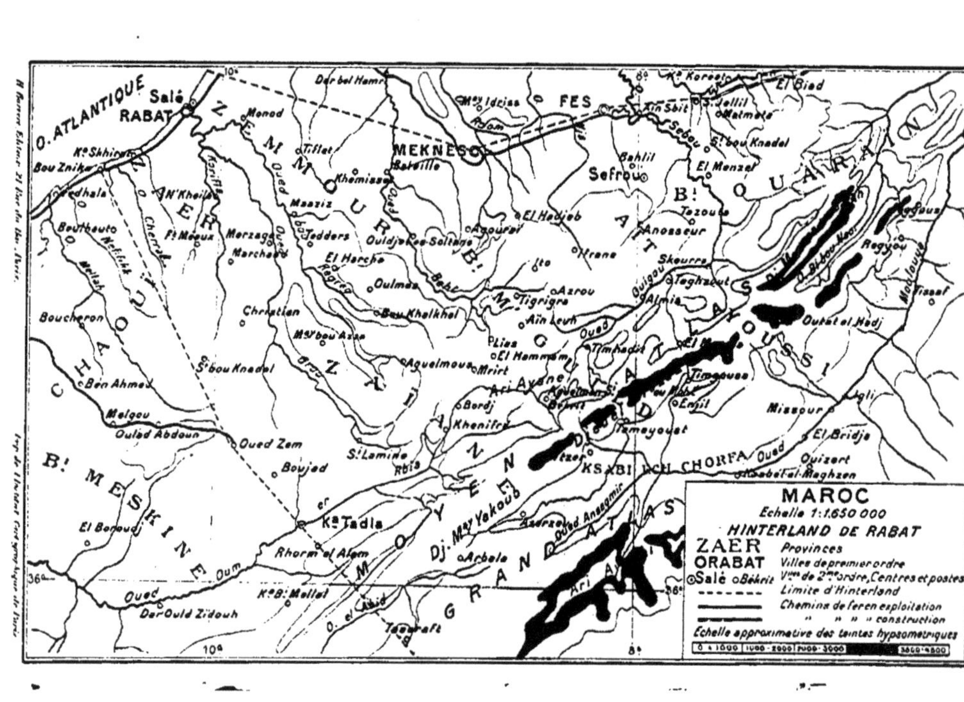

MAROC
Echelle 1:1.650.000
HINTERLAND DE RABAT
ZAER .... Provinces
ORABAT .... Villes de premier ordre
Salé oBékrit ... V^mes de 2me ordre, Centres et postes
Limite d'Hinterland
Chemins de fer en exploitation
" " " " construction
Échelle approximative des teintes hypsometriques
0 à 1000 | 1000 - 2000 | 2000 - 3000 | 3000 - 4500
O. ATLANTIQUE
Salé
RABAT
MEKNES
FES
El Bied
K. Koroste
Mly Idriss
Ain Sbit
Jellil
Malmata
Sebou
S. bou Knadel
Bahlil
El Menzel
Sefrou
Tezoute
Anosseur
Skourra
Quigou
Teghzout
Almis
Azrou
Reggou
D. Bi bou Naar
Outat el Hadj
Tissaf
Mouloya
Igli
Missour
El Bridje
Ouizert
Isabel Fel-Maghzen
Oued
KSABI OUCH CHORFA
Enjil
Tim ousa
Timhadit
El Hammam
El Hadjeb
Agourai
Ifrane
Tigrigra
Aïn Leuh
P. Lias
Ari Ayane
Bordj
Khenifra
Azerzou
Oued Anssgmir
Arbala
Taouraft
Tamayouat
Itzer
Dj. Mly Yakoub
Ari Ai
S. Lamine
Rbia
Boujad
Oued Zem
Ksar Tadla
Rhorm el Alem
K. B. Mellal
Oued
Dar Ould Zidouh
O. el Abid
El Benoud
Oulad Abdoun
Melgou
Ben Ahmed
S. bou Knadel
Boucheron
Christian
Mly bou Azza
Aguelmous
Beu Khalkhel
Oulmes
El Harche
Marchand
Merzaga
Tedders
Maaziz
Khemisset
Oued
Tiflet
Monod
K. Shhirat
Bou Znika
Fedhala
N'Kheila
F. Moeux
Dar bel Hamr
Ouldje ec Soltane
Beht
Oued
CHAOU
B. MESKINE
MOYEN ATLAS
GRAND ATLAS
ZEMMOUR
B. AYT
B OUARZIN
GUIGOU
AYOUSSI
ZAIAN
DRID
Nefiss
Cherrat
Oum

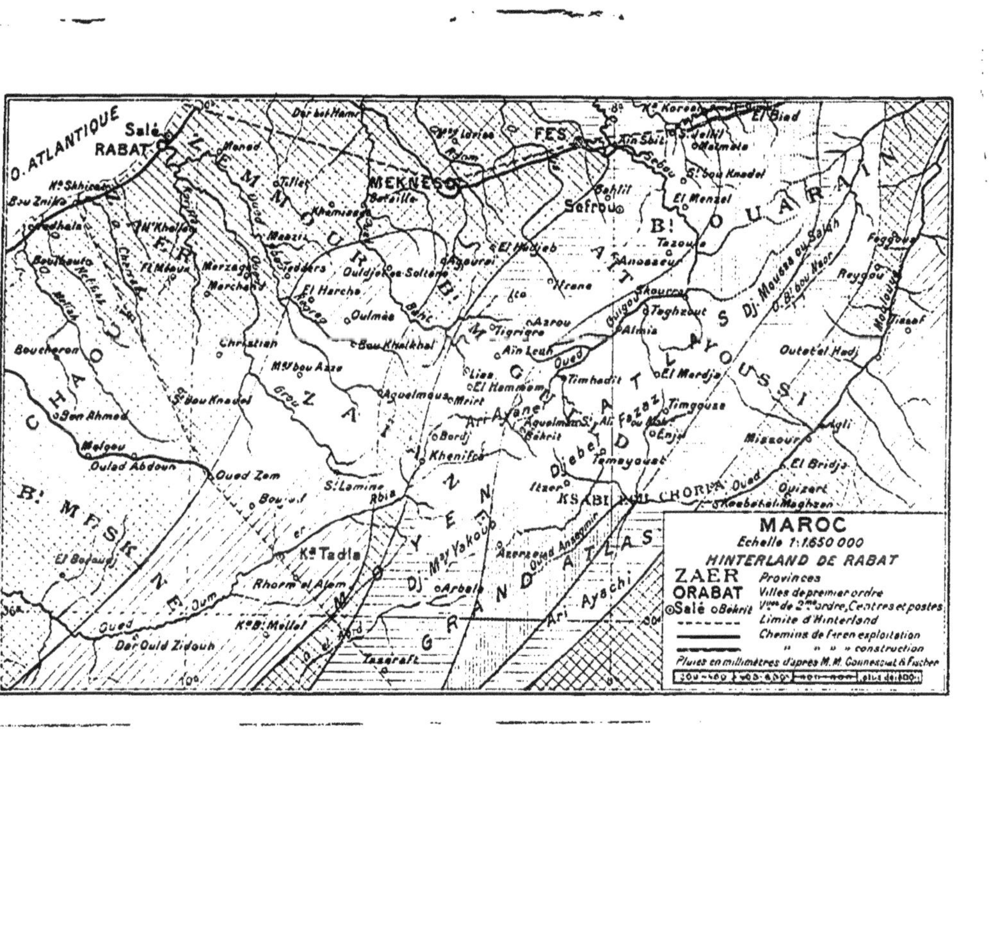

MAROC
Echelle 1:1.650 000
HINTERLAND DE RABAT
ZAER   Provinces
ORABAT   Villes de premier ordre
Salé oBekrit   Vᵉˢ de 2ᵐᵉ ordre, Centres et postes
Limite d'Hinterland
Chemins de fer en exploitation
"   "   "   " construction
Pluies en millimètres d'après M. M. Gounessiat & Fischer
O. ATLANTIQUE
Salé
RABAT
FES
MEKNES
Sefrou
El Hadjeb
Ifrane
Azrou
Ain Leuh
Timhedit
El Hammam
Mrirt
Bekrit
Bordj
Khenifra
S! Lamine
Oued Zem
Oulad Abdoun
Melgou
Ben Ahmed
Boucheron
Christian
CHAOUIA
ZAER
ZEMMOUR
BENI MTIR
MOYEN ATLAS
GRAND ATLAS
BENI MESKINE
Ka Tadla
Rhorm el Alem
Dar Ould Zidouh
Tassraft
Ari Ayachi
KSABI AIT CHORFA
Itzer
Missour
El Bridj
Ouizert
Timgousse
Enjil
Tamayoust
Djebel Fazaz
Aguelmam Si Ali
Agli
AIT AYOUSSI
Dj. Mousa ou Salah
O. B! bou Nasr
Reygou
Tissaf
Feggou
Outet el Hadj
El Mordja
Almis
Taghzout
Skourra
Anosseur
Tazouta
El Menzel
S! bou Knadel
Behlit
Ain Sbit
Sebou
El Blad
K° Koreah
Si Idriss
El Mzem
BENI OUARAIN
AIT
Oulmes
El Harche
Ouldjet es Soltane
Meazi
Khémisset
Tiflet
Maned
N° Skhira
Bou Znika
Beddouhala
Boulhouto
Maleh
El Mtaou
Merzag
Merchand
M'bou Azza
S! bou Knadel
Bou Khalkhal
Tigrigra
El Bordj
Bou I.
Oum er R'bia
Ma Yakoub
oArbela
Ka B! Mellal
Azerzoua Ansegmir
Oued Ansegmir
Dj. Ma Yakoub

choix capables de rapporter 15 quintaux de blé, par hectare cultivé à la moderne.

Dans cette énumération, nous négligeons intentionnellement plus de 20.000 hectares de terres noires également, mais de toute autre nature que les *tirs* ; tels sont les Dahs, vieux fonds de Merdjas ou cuvettes desséchées, ainsi que les Ouldjas ou fond de vallons, composés de terre végétale, d'humus et de silice, entraînés par ruissellement.

L'épaisseur des *tirs* varie d'une contrée à l'autre ; la moyenne chez les Zaër est de 5o à 6o centimètres avec maximum de 1ᵐ à 1ᵐ20. Les terres noires de la région de Meknès présentent souvent des épaisseurs supérieures à 2ᵐ visibles dans les talus des tranchées et sur les berges des ravins.

La fertilité des tirs tient en partie à leur teneur en azote   Voici le résultat de quelques analyses (L. Gentil).

TENEURS POUR 1000

	Carbonate de chaux	Acide phosphorique	Azote
Chaouïa-Ber Rechid............	26.0	0.75	0.92
Chaouïa-Settat......	55.2	0.87	1.99
Zaër-Merchouch...............	19 0	0.87	2.18

Ces analyses démontrent que les *tirs* sont en général très humifères avec une teneur en azote supérieure à la moyenne, principalement dans les Zaërs. Mais la teneur en *acide phosphorique* n'est pas suffisante. On saisit immédiatement l'importance de l'existence des gisements phosphatiers voisins, Oued Zem, El Boroudj, pour l'amélioration des *tirs* de la région.

2° *Hamris*

Terres rouges, plus ou moins sablonneuses de même origine que les *tirs* mais contenant moins d'azote. Ces terres conviennent à toutes les cultures céréalières, arbustives et maraîchères.

Le docteur Weisgerber évalue à 35o.ooo hectares la superficie occupée par les Hamris dans le Maroc occidental. Il est fort probable que ce chiffre correspond uniquement aux terrains de ce genre qui se rencontrent dans la province de Houz, c'est-à-dire dans le triangle qui aurait ses sommets à Rabat, Marrakech et Mogador. Mais de grandes quantités de terres rouges se rencontrent aussi, dans l'Hinterland de Rabat-Salé, qui égalent en superficie les Hamris du Houz.

En ne comptant qu'une proportion de 1/3 de terres cultivables selon l'appréciation de M. Aug. Bernard, leur superficie atteindrait 10.000 kilomètres carrés pour l'Hinterland arrêté au méridien de Fez et à la Haute-Moulouya. Dans cette hypothèse ces terres comprendraient 50.000 hectares de terres noires et 350.000 hectares de terres rouges ainsi que nous venons de le voir ; il resterait donc pour les autres variétés de sols, remels (sables) 150.000 à 200.000 hectares, terres argilo-siliceuses ou argiles pures 400.000 hectares. Le simple examen des chiffres relatifs aux remels et aux argilo-siliceux prouvent que les quantités admises plus haut pour les terres noires et les hamris sont trop faibles.

3° *Remels*

Les dunes du littoral, les abords de la Mamora et quelques parcelles, isolées dans l'intérieur, tel est le domaine des remels.

Sur la côte, les grains de quartz, les débris de coquilles roulés et les coquilles d'innombrables mollusques terrestres constituent des dunes susceptibles d'être fertilisées, en raison de l'humidité ambiante ; il se forme souvent à la surface de ces dunes une croûte calcaire très riche en phosphate de chaux, et cela explique la fertilité de ces terrains.

Dans les Zemmours (Mamora), et ailleurs, les sables résultent de la décomposition de grès friable et reposent par couches sur des bancs d'argiles plus ou moins puissants. Les arbres, les vignes, les céréales viennent très bien dans ces sols qui sont la plupart du temps couverts de *Doum* (palmiers nains) constituant ainsi d'excellents pâturages d'hiver pour les moutons et les chèvres.

Il existe également des terres argilo-siliceuses provenant de la décomposition des roches primaires, dont les résidus, mêlés d'argile et d'humus ont été entraînés par ruissellement et fixés au fond des ouldjas (vallées) ou des merdjas (marais). Ces terres sont en général d'une fertilité remarquable ; les indigènes les destinent plutôt aux cultures de printemps : maïs, melons, pastèques, etc. Aux abords des grandes villes, ils commencent à y cultiver la pomme de terre et la patate douce.

Ces ouldjas aménagés et soigneusement irrigués constitueraient bientôt des centres de production maraîchère, fruitière et surtout de primeurs, assurés d'une belle réussite. Un projet d'irrigation de l'Ouldja du Bou-Regreg, 1.000 hectares environ, est à l'étude ; on barrerait la rivière en amont de la partie maritime pour dériver 500 ou 1000 litres d'eau à la seconde, qui seraient amenés sur les lieux au moyen de canaux, de rigoles et de filioles. A ce sujet, il y a lieu de remarquer que 1.000 hectares de cultures et de primeurs représentent un appoint appréciable pour le ravitaillement de l'agglomération et même comme fret de retour pour les navires.

En résumé, au Maroc de même que dans tout le Moghreb, il y a contraste entre les *sols-squelettes* de montagnes, où le ruissellement a entraîné la terre végétale et les alluvions des plaines qui se sont enrichies de tout cet humus. Mais par cela même, ces plaines, qu'elles soient de *tirs* ou de *hamris* et même de *remels*, sont susceptibles de rendements équivalents, sinon supérieurs, à ceux des meilleures terres de l'Afrique du Nord : un autre avantage est celui que constitue l'existence de phosphates vers le centre de gravité du Maroc agricole, le long ou à proximité d'un fleuve rapide et de grand débit, l'Oum-Rbia, ce qui permettra l'industrialisation et la répartition du précieux produit à bon marché. Des gisements viennent d'être signalés (1920) non loin de Rabat.

Forêts

La flore varie suivant l'altitude et le relief du sol Sur les montagnes la végétation prend un caractère plus européen On y rencontre en effet beaucoup d'espèces des Carpathes, des Alpes et des Pyrénées. Le degré d'humidité est ici le facteur essentiel : « quelques centimètres de pluies de plus ou de moins, et c'est la forêt, la steppe ou le Sahara ». (A. Bernard).

Tandis que dans la plaine peuvent prospérer avec la vigne tous les arbres fruitiers de nos vergers, auxquels il faut ajouter l'oranger, le citronnier et le bananier, les plateaux du centre, recevant moins de 300 millimètres de pluie, sont convertis en steppes. Ces steppes constituent une riche région de pâturage : leur végétation est composée d'espèces peu aptes à résister au froid et à la chaleur, à la fois. *L'alfa* qui est la plus connue de ces plantes n'est vaguement signalé que dans la zone insoumise, par contre il est abondant vers Mogador, dans les plateaux berbères des Chiadma et des Haha. Le *Sparte* vit à un niveau inférieur à celui de l'alfa et les deux *armoises* s'étalent dans les dépressions humides où elles se mêlent à des séries de polygonées, labiées ou graminées.

De la plaine à la forêt, on passe par le maquis, qui couvre parfois de vastes espaces ; les espèces principales qui le composent sont : *l'olivier sauvage, le lentisque, l'arbousier, la bruyère, le Phyllirea, le myrte, les genêts, les cytises, les euphorbes* etc... Sur le sol de certains maquis peu fourrés, la surface libre est occupée par des bulbeuses et des graminées vivant autour des touffes de jujubiers ou de broussailles. Souvent dans les parties avoisinant le littoral, on rencontre d'immenses champs d'asphodèles poussant dans les intervalles laissés par les touffes de palmiers nains ou par les cailloux. Le maquis est également favorable au bétail qui y trouve sa nourriture en tout temps, même pendant l'été.

La grande forêt succède au maquis, les seules espèces qui forment de grands massifs sont 4 chênes : *chêne-liège, chêne-vert, chêne zéen, chêne afarès* ou à feuille de châtaignier et 4 conifères, *cèdre, pin d'Alep, thuya* et *génévrier. Le peuplier, l'orme, le frêne* forment des rideaux sur le bord des rivières autour des sources ou dans la plaine marécageuse. Les *oliviers, micocouliers, noyers* etc... vivent ici à l'état de pieds isolés.

Chêne-liège

Le chêne-liège affectionne les terrains siliceux recevant 600 ㎜/㎜ d'eau. L'Hinterland de Rabat-Salé on possède environ 160.000 hectares, dont la moitié dans la forêt de Mamora qui mesure au total 140.000 hectares de superficie.

Au 1ᵉʳ janvier 1919, 467.000 chênes-lièges étaient *recépés* dans le Maroc occidental ; le démasclage avait porté sur 716.000 arbres de 1ᵐ50 à 2ᵐ00 de circonférence, dont environ 500.000 à proximité de Rabat.

Le chêne-liège fournit :

1°. — Le *liège mâle*, ou produit du premier démasclage qui broyé, sert à de multiples usages, savoir : emballage des fruits et primeurs, fabrication de briques et carreaux isolants très légers, installations frigorifiques et enfin à la fabrication du *linoléum*, ce monopole allemand d'avant-guerre.

Il serait très intéressant d'installer, à Rabat ou à Salé, des établissements pour le traitement du liège mâle ; ces usines ne risqueraient pas de manquer de matière première de sitôt. En effet, l'Administration des forêts compte pouvoir livrer annuellement 20.000 tonnes de liège mâle et cela, pendant 10 ans. Ce produit était vendu par l'Administration en forêt à raison de 5 francs le quintal. Ce prix est actuellement (1920) un peu plus élevé.

2°. — *Le liège commercial* de valeur égale aux produits si renommés du Portugal. Citons à ce propos l'opinion d'un maître-liégeur expérimenté . « plus on marche à l'ouest disait-il, et meilleur est le liège récolté. » Ceci explique peut-être pourquoi les lièges du Portugal et d'Estremadure sont plus appréciés que ceux de Catalogne et d'Andalousie. Ainsi les lièges marocains seraient de meilleure qualité que ceux d'Algérie et de Tunisie que ce même maître-liégeur qualifiait d'ailleurs de « lièges pourris. »

Quoi qu'il en soit, le liège constitue une très grande richesse. L'Administration des *forêts* compte récolter annuellement dans la seule Mamora 120.000 quintaux de liège commercial (annuaire économique du protectorat) dont 80.000 quintaux appartenant à l'Hinterland de Rabat-Salé. Ne sont pas compris dans ces quantités les lièges des Sehoul, des Zaër et des Zemmour du sud qui porteraient à 100.000 quintaux la production annuelle de l'Hinterland avec une recette de 4 millions à 5 millions au profit de l'Etat Chérifien. C'est appréciable.

3°. — Le *tanin* consommé totalement par les fameuses tanneries de Rabat et de Salé à raison de 5.000 quintaux par an.

4°. — Enfin, *le charbon de bois*, provenant en grande majorité de la Mamora ; on évalue la quantité de charbon à 80.000 quintaux par an d'une valeur à Rabat de 4 millions de francs.

Chêne-vert

Très répandu dans l'Hinterland de Rabat-Salé, 25.000 hectares à Oulmes, 80.000 hectares à Azrou, Aïn Leuh, Timhadit, cet arbre atteint 3o à 4o °/= de diamètre et 8ᵐ de hauteur de fût sous branches. L'exploitation à blanc d'un hectare produit 200ᵐ³ de bois d'œuvre. (Commandant Boudy, chef du Service des Forêts).

En ne tablant que sur 100.000 hectares de futaies on voit que les peuplements de chênes verts peuvent produire des quantités considérables de bois d'œuvre, plus le tanin des écorçages, plus le charbon des déchets.
Le chêne-vert fournit des traverses de chemins de fer, du bois de charronnage, des pilots pour fondations et des tabliers de ponts, etc...

Depuis 1916, les chemins de fer militaires du Maroc font usage, avec succès, de traverses en chêne-vert. D'autre part un nombre important d'ouvrages d'art ont été fondés, sur pilots en bois de cette essence et notamment, le grand pont sur le Bou Regreg à Rabat.

Il y a là une très grosse ressource pour la construction du réseau ferré Marocain complet qui exigera un minimum de 3 millions de traverses réprésentant environ 200.000^{m3} de bois soit 10.000 à 12.000 hectares de futaies, bien peu, par rapport à la superficie totale des peuplements.

Chêne zéen

Cet arbre beaucoup moins répandu que le précédent, le 1/4 environ, se rencontre dans le Moyen-Atlas, mélangé de préférence au chêne-vert dans les vallées à terres profondes. Il atteint comme le chêne de France, les dimensions moyennes de 50 à 60 c/m sur 12 à 14 mètres de fût sous branches Son aire est de 25.000 à 30.000 hectares dans le seul Hinterland de Rabat-Salé. La meilleure utilisation de ce bois est sa transformation en traverses, semblablement à ce qui se produit dans le département de Constantine et en Kroumirie.

Chêne-afarès

Ce chêne à feuille de châtaignier n'existe qu'à l'état sporadique. Il est donc peu intéressant pour l'Hinterland de Rabat-Salé.

Cèdre

La zone connue du *cèdre* s'étend du pays Riata (Taza) au Tadla ; mais cette espèce peuple des surfaces importantes, qu'on n'a pu évaluer exactement, dans tout le pays dissident. L'Annuaire du Protectorat estime qu'il recouvre environ 300.000 hectares : rien ne vérifie ce chiffre qui, d'après les militaires ayant fait colonne dans les régions de la Haute-Moulouya, paraît être plus élevé.

Le bois de cèdre — poids spécifique 0.6 — présente une belle coloration jaunâtre veinée de brun. Homogène, il se travaille facilement et convient pour la menuiserie, moins bien pour la charpente. Les boiseries anciennes de Meknès et de Fès sont en bois de cèdre, presque exclusivement. La résine dont il est imprégné, lui donne une odeur agréable et le rend imputrescible. A ce propos, on cite la poutre de cèdre trouvée absolument intacte dans les fondations du temple d'Apollon, à Utique, après un séjour de 12 siècles. Utique était bâtie dans les marécages de l'embouchure de la Medjerdah (Tunisie).

Il existe dans le Moyen-Atlas des cèdres qui mesurent de 6 à 8 mètres de circonférence à la base et qui atteignent ou dépassent 20 mètres de hauteur. Malheureusement, dit de Segonzac, « les

Indigènes brûlent un arbre pour un rayon de miel ». D'autres fois, ils retirent d'un de ces géants de moyenne grandeur, quelques madriers grossièrement équarris, qu'ils transportent à dos de mulets dans les villes voisines.

Le sol de la forêt est littéralement jonché de troncs abattus, le plus souvent calcinés à l'intérieur.

Quelques Sociétés françaises se sont installées à Azrou et à Aïn Leuh, afin d'exploiter les coupes de ces régions, difficilement d'ailleurs par suite de l'insécurité ambiante. Elles ont créé des scieries, d'où les madriers, découpés plus savamment, sont expédiés sur Meknès, aux ateliers de menuiserie récemment montés de toutes pièces.

Vers Khenifra, on produit des madriers de cèdre à la mode indigène qui s'expédient par flottage – ou qui s'expédiaient — sur l'Oum Rbia jusqu'à Azemmour sur l'Océan. L'équarrissage par les indigènes engendre des pertes et déchets équivalents à la moitié du cube utilisable. Ces belles forêts se prêteront dans un avenir peu éloigné à des recettes appréciables pour le Trésor, à l'installation de nombreux ateliers de transformation et peut-être même à la création de *hameaux* et *centres forestiers*.

Pin d'Alep

Cette essence (*Snouber* en arabe) très rustique très robuste, peut prospérer dans les régions qui reçoivent au plus 300 m/m d'eau annuellement. Elle est beaucoup moins répandue au Maroc qu'en Algérie ; on en rencontre un peu partout, en alternance avec le chêne-liège et avec le chêne-vert. Mais l'utilisation de ce bois reste encore dans le domaine des choses futures parce que les peuplements exploitables fructueusement se trouvent en pays dissident.

Il y a là une grosse réserve pour l'industrie des traverses et des essences.

Thuya

Cette essence peut atteindre 15 mètres de hauteur et de 1 à 2 mètres de circonférence : son habitat dans la région de Rabat est la zone du chêne-liège, et dans l'Atlas, en mélange avec le chêne-vert.

Le *Thuya* (arar) est un bois résineux rouge très dur, excellent pour la charpente en chevrons des terrasses indigènes, la menuiserie et surtout l'ébénisterie ; son exploitation est succeptible d'un grand avenir, pourvu que d'ici là ; les indigènes n'aient pas entièrement abîmé ce qui reste des anciens peuplements.

On identifie le thuya avec le *citrus* des anciens. Cette essence a joué un grand rôle dans l'histoire du luxe romain ; elle fournissait notamment des tables d'un prix fabuleux. La plus ancienne des tables connues était celle que *Cicéron* avait payé 1 million de sesterces (210.000 francs de nos jours). Plusieurs d'entr'elles avaient dépassé ce prix, celle de *Céthégus* 1.400.000 sesterces, celle du roi *Juba* 1.200.000. D'après *Pline* la table du roi de Mauritanie, *Ptolémée* mesurait 4 pieds et demi de diamètre sur 3 pouces d'épaisseur, *Nomius*, affranchi de *Tibère* possédait une table en citrus, large de 4 pieds, moins 3/4 de pouce, sur une épaisseur de 5 pouces 1/4. Les plus recherchées étaient celles qui reproduisaient les yeux de la queue du paon, ou la couleur du vin miellé avec des veines brillantes.

Le *citrus* était fourni par la Mauritanie voisine de l'Atlas, on utilisait pour la fabrication de ces fameuses tables, le collet de la racine exclusivement.

Ainsi, le *thuya*, si richement veiné, d'une dureté exceptionnelle, pourrait rivaliser, pour l'ébénisterie avec les essences les plus recherchées de nos fabricants. Il en existe de grandes quantités sur les pentes Nord du Moyen-Atlas avec des dimensions approchant celles des fameuses tables romaines, qui valaient chacune un gros domaine.

Genévrier

Le *genévrier* de *Phénicie* et le *Genévrier oxycèdre* ont à peu près la même distribution géographique que le Thuya, ils ont tenu jadis une grande place dans le boisement des plateaux des deux versants de l'Atlas. Le genévrier porte ses peuplements jusque dans la zone du cèdre, auquel il se substitue souvent, au dessus de la cote 2.000.

Ces essences ne paraissent pas susceptibles, du moins pour le moment, d'une exploitation industrielle bien que dans le sud, les indigènes en extrayent *la gomme sandaraque*.

Autres espèces

D'autres arbres se rencontrent plus ou moins disséminés dans les grandes forêts. Tels sont l'*If* qui pousse dans toutes les forêts de cèdre, où il atteint d'assez fortes dimensions ; le *Houx* qui affectionne les hauteurs, le *Poirier sauvage*, de très belle venue qui affectionne les peuplements de chêne-liège et qui présente de belles et solides qualités pour l'industrie du meuble.

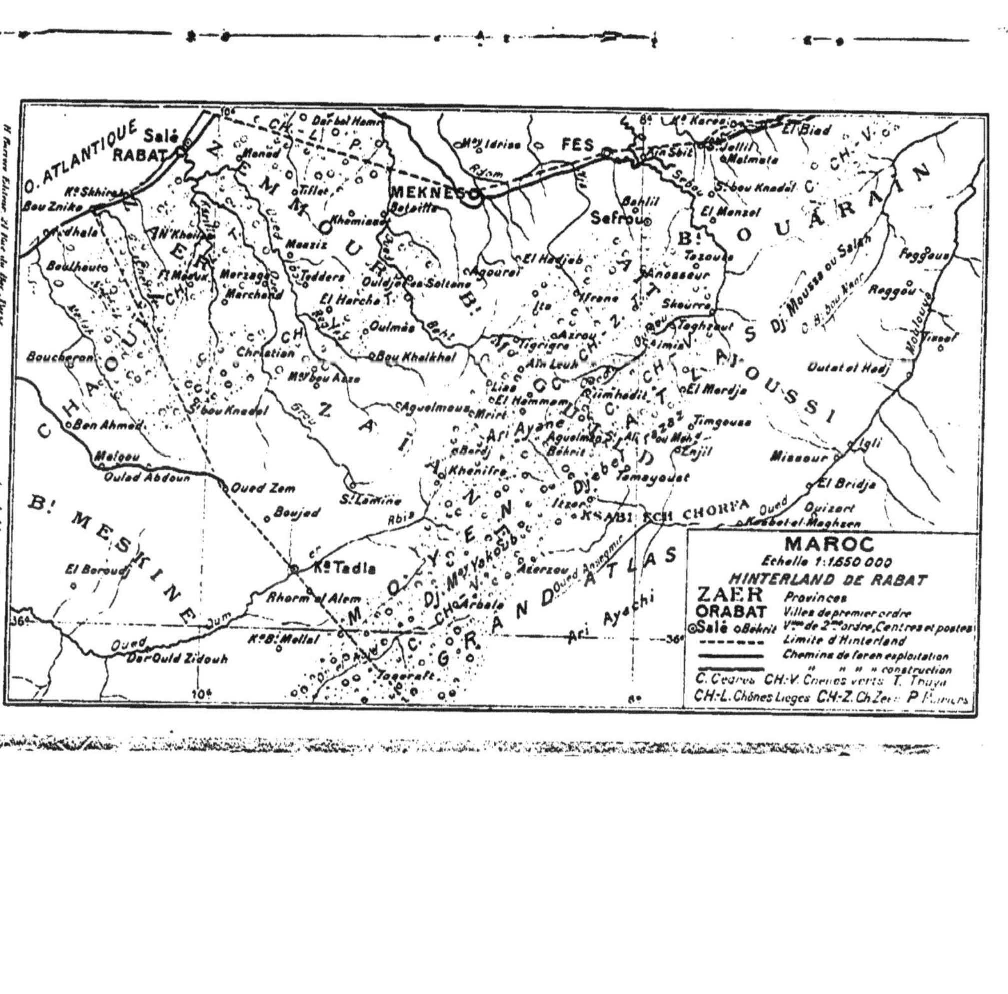

MAROC
Echelle 1:1.650 000
HINTERLAND DE RABAT
ZAER Provinces
ORABAT Villes de premier ordre
⊙Salé oBekrit V^mes de 2me ordre, Centres et postes
Limite d'Hinterland
Chemins de fer en exploitation
" " " " construction
C. Cèdres CH.-V. Chênes verts T. Thuya
CH.-L. Chênes Lièges CH.-Z. Ch. Zeen P. Peupliers

O. ATLANTIQUE
RABAT Salé
K^r Skhirat
Bou Znika
Oued Cherrat
Boulhauta
Boucheron
Ben Ahmed
Melgou
El Borouj
El Arba
CHAOUÏA
B^t MESKINE
Oulad Abdoun
Oued Zem
Boujad
St Lamine
K^a Tadla
Rhorm el Alem
K^r B^t Mellal
Dar Ould Zidouh
Tagzeraft
MEKNES
FES
Manou
Tiflet
Khemisset
Maaziz
Tedders
El Harcha
Oulmès
Christian
M^r bou Azza
S^r bou Knadel
Dar bel Hamr
Moy Idriss
Rjom
Bahlit
Sefrou
El Hadjeb
Agouret
Azrou
Ito
Ifrane
Ain Leuh
Tigrigra
Bou Khalkhel
Aguelmous
Mrirt
El Hammam
Arï Ayane
oBerdj
Khenifra
Itzer
Aguelmam St Ali
Behrit
Djebel Ï
Tamayoust
MOYEN
ATLAS
Dj. Mey Yakoub
CH. Arbala
Azerzou
Oued Anngmin
GRAND ATLAS
Arï Ayachi
Mr Kareo
El Bied
Tin Sbit
St Jellil
Matmata
S^t bou Knadel
El Menzel
B^t Tazouta
Anosseur
Skoura
Timia
Taghzout
El Merdja
Timgouss
St Ali S^t bou Mah^t
Enjil
Missour
Igli
El Bridja
Ouizert
Korbet-el-Maghzen
KSABI ECH CHORFA
Oued
DJ. Mousse ou Salah
O. B^t bou Naar
Feggous
Reggou
Moulouya
Outat el Hadj
B^t OUÀRAN
CH.-V.
OUCCAT
CHICK OULD AÏOUSSI
ZAÏANE
MOUR
B^t
CH.-Z.
CH.-L. P.
36°
10°
8°

Toutes ces forêts attendront pour leur mise en valeur rationnelle les voies ferrées qui, de Meknès, se dirigeront d'une part vers Azrou, Aïn Leuh, la Haute Moulouya, d'autre part vers le Tadla. Les forêts Zaïan et Zemmour du Sud enverront leur produits à la côte par d'autres lignes traversant également des terres de colonisation de tout premier ordre. Tant d'essences diverses, de valeur considérable, demandent à être exploitées, à échéance rapprochée ; elles seraient d'un très grand secours et pour la France à reconstruire, et pour la colonisation du Maroc qui doit faire venir du bois de Suède et de Russie.

Cultures.

Les surfaces ensemencées dans l'Hinterland de Rabat-Salé limité comme il a été dit, s'élèvent à environ 350.000 hectares soit un peu plus du 1/10ᵉ de la superficie totale. Il y a lieu de noter que nulle autre région du Maroc occidental, sauf la Chaouïa avec ses 400.000 hectares n'est supérieure à cet Hinterland au point de vue de la superficie cultivée (annuaire économique du protectorat).

Le détail des cultures annuelles s'établit ainsi qu'il suit :

Blé environ........	100.000 hectares	
Orge —	140.000 —	
Maïs-Sorgho	80.000 —	350.000 hectares
Fèves.............	10.000 —	
Divers	20.000 —	

Le rendement moyen du blé et de l'orge par hectare a été en 1917 : blé 6 q. 6; orge 6 q. 3. Ce résultat plutôt faible est dû à l'emploi exclusif d'un outillage imparfait et de méthodes très surannées, très difficiles à faire abandonner par les indigènes qui forment la presque totalité des cultivateurs.

En ce qui concerne les cultures arbustives, il figure au *Tertib* (impôt par pied) 700.000 oliviers, 3.000 amandiers; 60.000 orangers et citronniers, 600.000 figuiers et autres arbres, plus 1 million de ceps. Ces quantités s'entendent pour l'Hinterland de Rabat-Salé.

Ces chiffres ci-dessus démontrent :

1° — Que sur 1.000.000 d'hectares de terre cultivable (10.000 kilomètres carrés) le tiers environ est mis en valeur, chaque année, encore faut-il remarquer que la proportion de 1/3 du pays en terre cultivable, contre 2/3 de steppes, maquis ou forêts (A. Bernard) est inférieur à la réalité et que sur 3.000.000 d'hectares d'Hinterland (30.000 kilomètres carrés) la superficie des terrains de culture arriverait aisément à 1.250.000 hectares. En effet, la steppe et le maquis offrent sur leurs pourtours des espaces importants recevant plus de 400 %/m d'eau, donc cultivables avec chances de succès mais qui nécessiteraient un défrichement.

Dans cette hypothèse de 1.250.000 hectares cultivables et en envisageant une rotation bisannuelle, il devrait être régulièrement ensemencé 625.000 hectares par an.

2° — Que l'emploi généralisé de la charrue européenne et des engrais minéraux ou chimiques est indispensable, afin de porter les rendements au taux raisonnable de 12-15 quintaux à l'hectare, ce qui doublerait la production actuelle.

En évaluant à 600.000 hectares les emblavements annuels on récolterait ainsi un minimum de 5 à 7 millions de quintaux dont une bonne partie exportable par le port de Rabat-Salé.

Les cultures *arbustives* sont également susceptibles d'un plus grand rendement et surtout d'une grande extension. Ainsi les 700.000 oliviers, d'ailleurs mal soignés, plantés en moyenne à 6 mètres dans tous les sens occupent tout juste 2.500 hectares de superficie. Cette *oliveraie* pourrait être aisément décuplée dans un Hinterland où l'olivier monte jusqu'à 800 et même 1.000 mètres d'altitude, et que l'on peut greffer sur « sauvages » dans maintes régions.

Il en est de même, d'ailleurs pour les *amandiers, figuiers* et autres espèces qui devraient occuper ensemble une superficie de 40.000 à 50.000 hectares, dans les régions *Zaër, Zemmour Béni-Mtir* et autour de Rabat-Salé, Meknès et Fès. Il suffirait dans la plupart des cas, de capter les petites rivières comme le Beht, le Grou, le R'dom, le N'ja etc.., ou de construire quelques barrages-réservoirs, analogues à ceux d'Algérie et d'Espagne ; on obtiendrait par ce dernier procédé des zones irrigables d'une richesse équivalente à celles que nos colons constituèrent il y a moins d'un demi-siècle, à Saint-Denis-du-Sig, à Perrégaux, à Rélizane, (Oran) à Orléansville, à Blidah, au Hamiz (Alger) etc... etc.

Au premier rang des *cultures industrielles* du Maroc, se place celle de *l'olivier*. Nous venons de voir que dans l'Hinterland de Rabat-Salé il n'existe que 2.500 hectares environ d'oliveraies très inférieures aux plantations d'Algérie et surtout de Tunisie.

Ces oliveraies dont la superficie pourrait être facilement portée à

25.000 ou 30.000 hectares ; avec 3 millions de pieds espacés de 10 mètres dans tout les sens devraient produire, en plein rapport, de 15 à 20 millions de litres d'huile. L'exportation de la moitié de la production en huile ferait aux prix actuels couler un fleuve d'or dans ces contrées deshéritées jusqu'ici. Mais pour obtenir un résultat semblable, il faudrait apprendre aux indigènes à former les plantations, à les labourer, à lutter contre la fumagine et par dessus tout à les tailler à la mode de Sfax ou de Sousse (Tunisie) ; la cueillette des fruits devrait aussi pouvoir s'opérer avec des pratiques moins barbares que le gaulage actuel, employé partout au Maroc.

Après l'olivier vient *le lin*, cultivé principalement pour la graine. Cette plante demande des terrains fertiles meubles et frais tels les Ouldjas au fond de vallées, les anciennes Merdjas (marais) et quelques uns des tirs Zaër ou Zemmour.

La graine de lin marocaine produit en moyenne 35 % de son poids, en huile, semblablement au lin russe : On pourrait utiliser la paille, pour ses fibres. Des expériences récentes effectuées au Jardin d'essais de Rabat sur la culture du lin de Riga et du Nord de la France, paraissent avoir donné toute satisfaction.

Le *Chanvre* affectionne les terres profondes, riches et fraîches, légèrement sablonneuses, cette culture appauvrit le sol en chaux, acide phosphorique, potasse et azote ; il convient donc de fumer abondamment et d'employer les phosphates de chaux ainsi que la potasse. Nous répèterons à ce sujet que les phosphates d'Oued-Zen se trouvent à proximité des zones propices à la culture du chanvre : Quant à la potasse, en attendant la mise en valeur des gisements marocains, ou pourrait faire appel à la *potasse d'Alsace*.

Un essai cultural fait en 1917 par le service de l'Agriculture à Marrakech, a donné les résultats suivants :

Longueur moyenne des tiges	3m 50	
Produit par hectare	1233 k.	130 k. en moyenne à l'hectare.
Filasse teillée, grosses tiges........	7 %	
— tiges moyennes.....	11 %	
— tiges minces..	14 %	

Toutes ces filasses sont d'excellente qualité.

Il est certain que les terrains favorables à la culture du chanvre se rencontrent par milliers d'hectares dans l'Hinterland. Nous avons visité des parcelles indigènes en 1918 vers Mecknès entre Aïn-

Djemah et l'Oued-Frah, où les produits, sans valoir ceux des essais de Marrakech, auraient fait assez bonne figure à l'usine. Les indigènes cultivaient le chanvre pour la graine *kif* qu'ils vendaient au monopole des Tabacs de Tanger.

Le *cotonnier* a été cultivé autrefois dans les principales régions du Maroc Occidental : Houz, Doukkala, Chaouïa. Gharb, Séhoul (ouldja de Salé). Il ne reste plus aujourd'hui que les plantations très réduites et mal soignées du Sarsar et des Mesmoudas dans le Gharb. C'est un coton hybride produisant une fibre d'excellente qualité, longue de 3o centimètres.

Les difficultés à vaincre pour l'aménagement des irrigations, puis la question de la main-d'œuvre qui doit être abondante et bien éduquée posent un assez gros problème en ce qui concerne l'avenir de la culture cotonnière dans l'Hinterland de Rabat-Salé.

D'ailleurs jusqu'ici les essais pratiqués aussi bien en Algérie qu'au Maroc n'ont pas été bien satisfaisants. Le député Barthe prétend à ce sujet, que les méthodes employées furent défectueuses, et qu'il y aurait lieu de recommencer toutes les expériences faites, aussi bien au Maroc que dans toute l'Afrique du Nord.

De l'ensemble des essais officiels de culture de *betterave à sucre* il résulte que cette plante est susceptible d'une venue normale *sans irrigation* dans les régions non atteintes par la gelée.

A Rabat dans un sol léger à sous-sol argileux, frais, le rendement à l'hectare, d'une plantation de betterave sucrière, est ressorti à 47 tonnes de racines, avec collet sans feuilles, et l'analyse des racines décolletées a donné 14,5°/₀ en moyenne de *saccharose*, avec traces de sucres réducteurs.

A Meknès, dans un sol argilo-calcaire à sous-sol très frais, récemment défriché, le rendement à l'hectare d'une plantation de *betterave demi-sucrière* à collet rose, est ressorti à 44 tonnes (racines décolletées) et celui des *betteraves à collet vert*, à 26 tonnes. La teneur en *saccharose* a été de 6,7 °/₀ et 9°/₀ respectivement. La proportion des sucres réducteurs fut 1,64 °/₀ et 2 °/₀ ; celle des cendres de 1,26 et 1,30 °/₀.

D'autres expériences faites à la ferme expérimentale de Fès ont donné : saccharose 13,7 et 13,4°/₀ ; sucres réducteurs 37 et, 34°/₀ ; cendres 0,99 et 1 °/₀.

La culture de la betterave sucrière ou demi-sucrière est susceptible d'une grande extension dans les bonnes terres Zaër, Zemmour, Iguerouan, Béni-Mtir, non exposées aux gelées ; les rendements sont sensiblement égaux à ceux des pays betteraviers, ainsi que les teneurs en saccharose. Des sucreries pourraient s'installer avec de grosses chances de succès à proximité des centres de production ; leurs produits se consommeraient sur place dans l'Atlas dissident ou non dissident, et même en Mauritanie et dans l'A. O. F.

La *vigne* est cultivée au Maroc depuis un temps immémorial. Dans l'Hinterland de Rabat-Salé on distingue surtout les vignes du Zerhoum, des environs de Fès et de Sefrou, toutes d'un rendement de 1 à 5 kilos de raisin par pied.

Les colons européens achètent une partie de ces raisins pour en faire du vin, 2.000 à 2.500 hectolitres annuellement, de même que les Israélites pour la fabrication de leur vin « cachir. »

Les vins du Zerhoum et de Fès jouissent d'une excellente réputation chez les Européens du Maroc et ne le cèdent en rien, paraît-il aux meilleurs crûs d'Espagne ; en tout cas, ils ont de grandes analogies avec les vins les meilleurs de Tlemcem, Mascara et Médéah en Algérie. Quant aux quelques vins de plaine récoltés depuis quelques années, ils rappellent à s'y méprendre les produits de Saint-Cloud et d'Aïn-Temouchent (Oran).

La vigne réussit dans tous les terrains de l'Hinterland de Rabat-Salé étagés de l'Océan à la côte 1.000. Les rendements peuvent atteindre 40 et même 50 hectolitres à l'hectare ; on cite une vigne d'Oudja de trois ans dont le rendement a été de 40 hectolitres par hectare.

Au point de vue de la superficie future en vignobles de l'Hinterland de Rabat-Salé, elle pourra se comparer avec celle des vignobles des trois arrondissements occidentaux de l'Oranie, pour peu que la moyenne colonisation réussisse à s'installer à bon compte et que les voies de communications ne lui soient point accordées avec trop de parcimoine. On peut évaluer à 200.000 ou 250.000 tonnes annuelles, la quantité de vins à emporter plus tard, soit les 3/5 de la production oranaise.

On ne saurait trop insister sur l'importance des questions concernant la moyenne colonisation, ainsi que sur le fait incontestablement certain qui en découle, et qui a rendu l'Oranie si prospère. Ce ne sont ni les cultures industrielles autres que la vigne, ni les industries proprement dites, mais bien la culture intensive des céréales par superficies immenses, ainsi que la création de vignobles justement renommés qui ont enrichi les Oranais.

Les exploitations de *culture maraîchère* établies dans la banlieue des villes du littoral sont en général insuffisantes pour assurer le ravitaillement de ces villes ; d'où cherté excessive des produits. Le Maroc importe donc des quantités considérables de légumes et fruits d'Espagne ou des Canaries auxquelles il paye un large tribut dont il pourrait facilement se passer, attendu que l'eau des fleuves, non plus que l'eau du ciel, ne manque pas.

A l'inverse des Anglais qui engagent des dépenses par centaines de millions de francs dans l'Inde, en Egypte et en Australie, afin de capter, retenir et distribuer des *billions* de mètres cubes d'eau, nous nous contentons au Maroc d'envisager timidement quelques maigres dépenses, pour arroser quelques centaines d'hectares.

Pourtant la politique économique du pays tourne invariablement autour de cet axe : la *question agraire*, à laquelle sont intimement liées les questions *d'hydraulique* agricole et des *transports*.

La création de *zônes irrigables* permettrait au surplus la culture en grand des primeurs, telle qu'on la pratique dans les *huertas* ibériques et en Algérie. Ces zônes irrigables on peut d'ores et déjà les prévoir vers le R'dom supérieur, le Beht, le Bou-Regreg, le Grou, l'Oued Yquem et plus au Sud vers l'Oum-Rbia. Il y aurait là pendant plusieurs mois de l'année un fret important pour les navires qui fréquenteront notre port.

Elevage

L'élevage et l'Agriculture constituent les deux principales ressources du Maroc.

Toutes les régions de l'Hinterland de Rabat-Salé se prêtent à l'élevage à l'exception des hautes cimes dénudées du Haut et du Moyen-Atlas. Les terrains Béni-Mguil ; Béni-Mtir, Iguerouan, Zemmour, Zaër et la région du Tadla, abondamment pourvus d'eaux courantes et de sources, sont très favorables à l'industrie de l'élevage.

Cette industrie peut s'amplifier, pour ainsi dire presque indéfiniment, surtout en ce qui concerne les *bovins* et les *ovins*.

Il résulte de statistiques récentes, que l'Hinterland de Rabat est de beaucoup le mieux partagé au double point de vue des races et du nombre de têtes. Ainsi, le cheptel soumis au *Tertib* (impôt par tête) comptait au 1917 :

      400.000 bœufs,

    1.200.000 moutons,

      350.000 chèvres,

16.000 chameaux,
60.000 chevaux et mulets,
16.000 porcs,

représentant par rapport à la totalité du troupeau Marocain Occidental : *bovins* 40 °/₀, *ovins* 32 °/₀, chèvres 27 °/₀, porcs 31 °/₀ ; le tout en notable augmentation sur le cheptel de 1912 (Annuaire Économique du Protectorat).

Les progrès réalisés depuis 1912, quoique fort appréciables, seraient beaucoup plus sensibles si les indigènes qui représentent la presque totalité des éleveurs constituaient des réserves fourragères, aménageaient des abris et des abreuvoirs, et s'ils prenaient certaines précautions pour l'amélioration des races

Ces remarques s'appliquent à tout le cheptel sans exception livré à peu près à lui même pour la recherche de la nourriture aussi bien que pour la reproduction. On ne risque pas la moindre erreur, en avançant qu'il pourrait être obtenu, pour les mêmes surfaces *parcourues*, un nombre double de têtes de bétail avec un poids en viande allant jusqu'au double du poids moyennement constaté actuellement.

Bovins

Les bovins du Maroc appartiennent en général à une race unique, brune, dite « race brune de l'Atlas ».

Ses caractères ethniques sont étroitement adaptés à un milieu rude et non amélioré ; le poids, inférieur à la moyenne, varie entre 250 et 350 kilogr. soit 120 à 160 kilogr. de viande nette, mais bien nourris les bœufs peuvent atteindre jusqu'à 450 kilogr. La taille varie entre 1.10 et 1.35 ; cependant, la variété dite des Zaërs, qui stationne dans l'ellipse granitique de même nom, présente des caractéristiques plus favorables ; elle est certainement égale à la race de « Guelma » au point de vue viande et lui est supérieure quand à la production laitière.

La vache *ordinaire* marocaine très apte à l'engraissement offre un rendement en viande de 45°/₀ et en lait, de 4 à 6 litres, sans régime spécial ; ce lait est d'excellente qualité.

Dans les *concours beurriers* de Salé et de Meknès on a fait les constatations suivantes :

A Salé : des vaches Zaër, 10 vaches primées, ont eu chacune un rendement moyen journalier allant de 11 litres 8 à 8 litres 1 ;

A Meknès (juin 1918) le rendement en lait a été à peu près équivalent ; à noter que le bétail de Meknès est composé en grande partie de vaches d'origine Zaër et Zemmour.

Il est certain que la vache de Guelma n'a jamais donné de pareils rendements.

D'après M. Geoffroy Saint-Hilaire, la teneur moyenne des laits d'Europe, en principes *butyreux* est de 37 °/₀, alors que la vache marocaine donne jusqu'à 45 °/₀ sur les mélanges. Le lait de Meknès est comparable à celui de la vache *bretonne* ; il en faut 21 litres pour obtenir 1 kilogramme de beurre.

Disons à ce sujet qu'une chose singulière est à remarquer ; dans toute l'Afrique du Nord, il a été constaté une affinité indéniable entre le bétail breton et le bétail africain, équidés, bovins et même ovins. On attribue ce fait à l'importation de reproducteurs en Bretagne, lors des Croisades ou bien, à la fixation dans les landes du Morbihan sans doute lors du grand choc entre Charles Martel et Abderrahman de toute une tribu arabe, vraisemblablement marocaine, suivie de tout son bétail.

Quoi qu'il en soit, les races perfectionnées d'Europe sont trop délicates, demandent trop de soins et une alimentation spéciale, pour être employées à l'amélioration des races marocaines.

Depuis quelques temps on essaye des croisements par « Zébus » comme à Bône (Algérie) ; ces croisements ont donné, là-bas, d'excellents résultats ; le métis gagne en format, en précocité et en force ; il est plus résistant aux maladies qui désolèrent ces régions, et sa chair, parait-il, est de bonne qualité. Mais il faut souvent remplacer les reproducteurs, et à cet effet les faire venir, à grand frais de l'Inde ou de l'Insulinde, ce qui n'est pas souvent aisé.

Sans repousser absolument les croisements par Zébus ou toute autre race à *l'exception des bretons*, on devrait s'attacher à améliorer par les soins et la nourriture la race Zaër et celle sensiblement analogue des Doukkala. On obtiendrait rapidement des sujets pesant 500 kilogrammes brut ce qui représente un joli poids en viande et en cuir.

Sur une superficie de steppes, de maquis et de forêts, capables de recevoir le cheptel de l'Hinterland et égale à 1.500.000 hectares défalcation faite des hautes cimes, il ne vit que 400.000 bœufs et 1.200.000 moutons. C'est peu. Ces chiffres devraient s'accroître d'un minimum de 50 °/₀ pour les bœufs et de 100 °/₀ pour les moutons, par l'utilisation parfaite des irrigations et par un élevage rationnel ; ils permet-

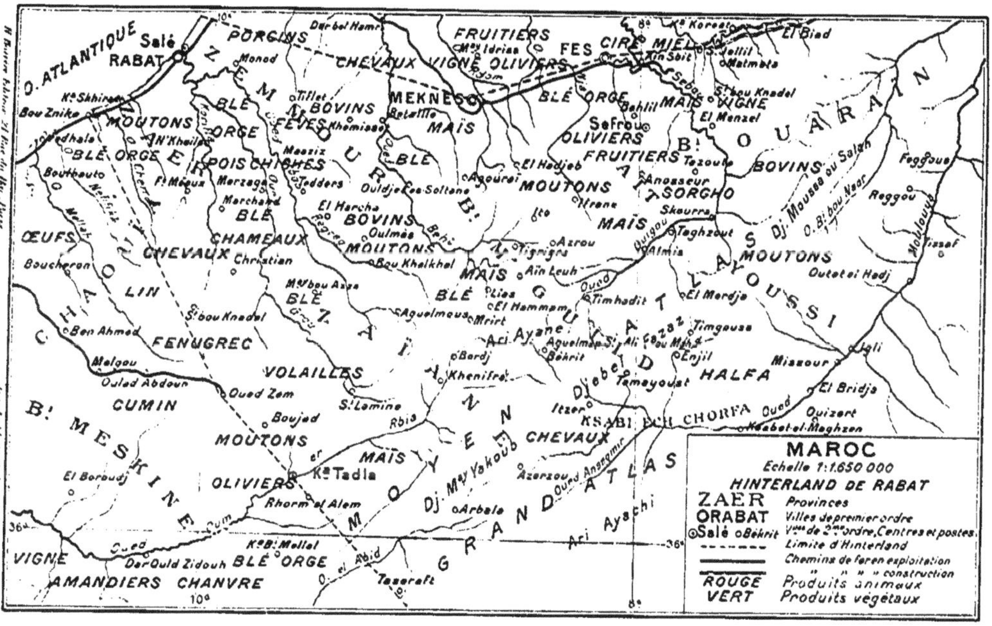

MAROC
Echelle 1:1.650 000
HINTERLAND DE RABAT
ZAER   Provinces
ORABAT   Villes de premier ordre
Salé   Bekrit   Vlles de 2me ordre, Centres et postes
            Limite d'Hinterland
            Chemins de fer en exploitation
            "   "   " construction
ROUGE   Produits animaux
VERT   Produits végétaux

O. ATLANTIQUE   Salé   RABAT   PORCINS
CHEVAUX   VIGNE   OLIVIERS   FES   CIRE MIEL   El Biad
Dar bel Hamr   FRUITIERS   Kr Koreat
Monod   MEKNES   BLÉ ORGE   MAIS   VIGNE
Kr Skhirat   BOVINS   Tin Sbit   Matmata
Bou Znika   Tiflet   FEVES   Betaille   Sr bou Knadel
MOUTONS   N'Kheila   Sefrou   El Menzel
BLÉ ORGE   POIS CHICHES   Khemisset   OLIVIERS   FRUITIERS   Tazouta   BOVINS
Boutbouto   Ft Méaux   Merzaga   El Hadjeb   Anosseur   SORGHO   Feggous
ŒUFS   Marchand   BLÉ   Tedders   Agourai   MOUTONS   Irane   Skoura   Teghzout   Reggou
Boucheron   CHAMEAUX   El Harcha   BOVINS   Ito   MAIS   Almia   MOUTONS   Issef
CHEVAUX   Christian   Oulmès   Azrou   Ouigou   Outat el Hadj
CHAOUIA   LIN   Mr bou Azza   Bou Khelkhel   Ain Leuh   El Mordja
Ben Ahmed   Sr bou Knadel   BLÉ   Tignines   Timhadit
FENUGREC   BLÉ   El Hammam   Timgouss
Melgou   Aguelmous   Mrirt   Ari Ayane   Aguelmam Sr Ali Çazaz   Timgouss
Ouled Abdoun   VOLAILLES   Oued Zem   o Bardj   Béhrit   Sr bou Mrhi   Enjil   Missour   Jeli
Br MESKINE   CUMIN   Sr Lemine   Khenifra   Djebel D   HALFA   El Bridja
El Boroudj   MOUTONS   MAIS   Boujad   Itzer   Tameyoust   Ouizert
OLIVIERS   Kr Tadla   CHEVAUX   KSABI ECH CHORFA   Ksabet el Maghzen
Rhorm el Alem   Rbia   MOYEN   Dj Mr Yakoub   Azerzou   Oued Ansegmir
VIGNE   Oued   Kr Br Mellal   BLÉ ORGE   o Arbala   GRAND ATLAS   Ari Ayachi
AMANDIERS   CHANVRE   Dar Ould Zidouh   O. el Abid   Taseraft

traient l'exportation en grand, c'est-à-dire, égale à la moitié de cet accroissement, soit 100.000 têtes de bovins et 600.000 d'ovins.

Le troupeau intégral pâturerait ainsi à raison de 0,2 bovin et 0,8 mouton par hectare d'Hinterland, proportion nullement exagérée.

En ne tablant que sur une exportation du 1/10 des chiffres ci-dessus pour les bœufs et du 1/5 pour les moutons, ce seraient annuellement 10.000 tonnes de bovins (1 tête par tonne) et 30.000 tonnes d'ovins (4 têtes par tonne) à exporter par le port de Rabat-Salé.

Ovins

Trois types généraux de moutons vivent dans le Maroc Occidental :

1° Le mouton réparti dans les régions élevées du Tadla et des Zemmour d'une taille de 0ᵐ 70 à 0ᵐ 80 (Geoffroy Saint-Hilaire). Il présente des analogies frappantes avec les mérinos d'Espagne, qui n'en sont d'ailleurs qu'une variété, importée par les conquérants arabes et améliorée par les soins et le milieu. Ce mouton du Tadla se prête à l'engraissement et son poids oscille, alors, entre 60 et 75 kilos ; le rendement à la boucherie varie de 40 à 50 °/₀. Sa toison *fermée* est formée de filaments très fins de longueur variable, en mèches volumineuses, sans presque de jarre et pèse de 2 kilos 5 à 3 kilos.

2° Le mouton du plateau d'altitude modérée, répandu un peu partout, d'une taille de 0ᵐ 55 à 0ᵐ 65 ; il peut atteindre un poids de 55 kilos. La chair est savoureuse, la laine fine et tassée et la toison *demi-ouverte* pèse de 1 k. 8 et 2 k. 5.

3° Enfin, le mouton des plaines ne dépasse guère 0ᵐ 55 de taille et atteint 25 ou 30 kilos ; la toison ouverte *jarreuse*, à brins grossiers, ne forme presque pas de mèches, elle pèse en moyenne 1 k.5 ; quelquefois la laine est de couleur noire.

Les essais de croisement en général n'ont pas donné de bons résultats, les races importées n'ayant pas eu assez de résistance. Une sélection rigoureuse et une bonne hygiène pourraient donner des produits remarquables.

Les deux premiers types de moutons ayant chacun un habitat particulier méritent d'être améliorés. La sélection impitoyable des reproducteurs, non moins que la création abondante de points d'eau détermineraient rapidement l'amélioration nécessaire. Quelques béliers d'Espagne ou de la Crau confiés à des éleveurs français pourraient transformer les deux races dans un temps relativement court.

Il convient de signaler à cet effet que le troupeau ovin de l'Australie fut créé de toutes pièces avec des produits du Maroc ; on sait l'importance prise par cet élevage, dans le continent austral ; sa laine se classe au premier rang, parmi les laines du monde entier.

L'élevage du mouton devrait primer tous les autres tellement le milieu est favorable. A ne compter que le pâturage offert par la steppe, le maquis et la forêt, l'exportation pourrait évoluer entre 500.000 et 600.000 têtes, nous ne tablerons que sur le 1/5, soit sur 30.000 tonnes.

Porcins

Le porc est surtout élevé en semi-domesticité ; après son sevrage, il est conduit aux pâturages constitués soit par des jachères, soit par le sol des forêts de chêne-liège. Les porcs du Maroc appartiennent presque exclusivement à la race ibérique, très rustique et très adaptée au milieu.

L'élevage du porc ne pourra pas s'étendre indéfiniment et cela tient à la voracité du bétail qui épuise les pâturages au bout de très peu d'années ; l'éleveur est alors obligé d'emmener son troupeau plus avant ; mais tout a une limite : la culture Européenne restreindra de plus en plus les surfaces en friches et il ne restera plus au porc que la forêt ainsi que quelques terrains non cultivés.

C'est pourquoi le chiffre cité de 16.000, porcs dans l'Hinterland de Rabat, susceptible peut-être d'arriver à 25 ou 30.000 individus redeviendra promptement à son point de départ. Le tonnage fourni par les porcins est faible ; nous ne le ferons pas entrer en ligne de compte.

Chameaux, Chevaux et Mulets

L'élevage du chameau exclusivement indigène ira plutôt en diminuant au fur et à mesure du développement des voies de communication ; c'est d'ailleurs ce qui s'est produit dans le Tell Algérien et Tunisien.

En ce qui concerne les chevaux et mulets de l'Hinterland de Rabat, sauf quelques milliers de têtes nécessaires à l'armée, le restant est fatalement destiné à l'agriculture marocaine tout au moins pendant un délai assez long. A ce sujet il y a lieu de ne point trop s'illusionner sur l'emploi de tracteurs pour les labours, la moisson et les transports. Le bon agriculteur fera à sa ferme ses bœufs, ses chevaux et ses mulets. Nous ne comptons rien à l'exportation pour cette partie très importante du cheptel marocain.

Laines

Les laines du Maroc, quoique classées parmi les meilleures de l'Afrique du Nord et tenant une place très honorable sur le marché mondial ne peuvent rivaliser avec les laines de France, d'Argentine et d'Australie. Elles comportent trois catégories bien caractérisée : Aboudia, Urdighia, Beldia.

L'aboudia est fournie par le mouton de la zone comprise entre le Bou Regreg et les régions de Meknès et de Fez, c'est-à-dire le mouton du second type.

L'Urdighia constitue la toison du premier type mouton du Tadla et est légèrement inférieure à la précédente.

La Beldia, de qualité très médiocre est produite par le mouton du troisième type, très mélangé d'ailleurs, c'est surtout de la laine à matelas, avec beaucoup de jarre, et d'irrégularité dans la longueur des poils.

Toutes ces laines sont l'objet d'une importante utilisation locale ; la laine employée à la confection des tapis et vêtements représente les 3/5 de la vente annuelle ; le restant est exporté.

La récolte actuelle des laines dans l'Hinterland de Rabat peut être évaluée à 2.500.000 kilogrammes, dont 1.500.000 kilogrammes restent dans le pays et 1.000.000 de kilogrammes sont exportés en suint ou lavées, mais presque toutes en suint.

L'amélioration du troupeau devrait porter le chiffres de têtes à 2 millions et demi, produisant en moyenne, à raison de 2 kilogrammes 5 par tête, un total de 5 millions de kilogrammes de laines, soit au moins une exportation de 2 millions 1/2 de kilogrammes, défalcation faite des besoins locaux accrus.

Peaux

1°. — *Peaux de moutons*. — Les peaux de moutons sont de meilleure qualité que celle des peaux d'Australie et d'Amérique du Sud ; elles possèdent une finesse de grain, une souplesse et une solidité que l'on ne rencontre dans nul autre pays, et qui font qu'elles conviennent parfaitement à la mégisserie française.

Les meilleures qualités proviennent des régions montagneuses ;

jusqu'ici malheureusement, leur mauvais conditionnement, coutelures, matières étrangères etc..., n'a pas été bien favorable à leur
exportation. Elles sont vendues soit en laine *écrues* ou *salées*, soit en
cuirots. Les peaux en laine pèsent de 30 à 40 kilogrammes la douzaine
et valaient de 200 à 260 francs le cent. Les cuirots pèsent de 6 à 8
kilogrammes la douzaine et valaient 2 francs à 2 francs 50 pièce.
Ces prix sont notablement augmentés (1920).

L'industrie indigène en consomme une importante quantité pour
la fabrication des babouches, sacs et harnachements ; le reste est
exporté.

On peut évaluer à 40.000 douzaines au moins l'exportation des
peaux de moutons de l'Hinterland futur, d'un poids de 2 millions de
kilogrammes.

2°. — *Peaux de chèvres.* — Elles présentent des qualités très appré-
ciées auxquelles on peut appliquer les observations ci-dessus. Le
poids moyen est de 10 à 12 kilogrammes la douzaine, d'une valeur
en 1919 de 150 francs le quintal. Le chiffre d'exportation en 1917
fut d'environ 1.200.000 kilogrammes. Les prix vont également en
augmentation (1920).

3° — *Peaux de bœufs.* — Ces peaux ont sensiblement les mêmes
qualités que celles d'Algérie et de Tunisie à cela près que la « fleur »
est plus fine ; mais elles sont inférieures aux peaux de France. Cette
infériorité due à diverses causes, le varon, les coutelures, le conditionnement défectueux afin d'obtenir plus de poids, peut se racheter
plus tard, lorsque la colonisation européenne prendra sa place, que
les indigènes organiseront des abris et que l'Administration surveil-
lera les fraudeurs de près.

Le poids des peaux de bœufs de l'Hinterland de Rabat est de :
Meknès 28 kilos pour les taureaux et les bœufs et 23 kilos pour les
vaches.

Kénitra. — Bœufs 22 kilos, taureaux 25 kilos, vaches 17 kilos,
les chiffres indiquent que le bétail de Meknès (bétail Zaër) est sensiblement supérieur à celui de la région du Sebou. Les prix d'achat
payés par l'Intendance variaient de 210 à 245 fr. les 100 kilos et
pour les écarts, furent fixés à 125 fr. Une hausse importante s'est
produite en 1920.

Le futur Hinterland de Rabat, exportera annuellement un minimum de 200.000 peaux de bœufs pesant en moyenne 25 kilos soit
au total 5 millions de kilogrammes.

En résumé, l'élevage a force progrès à réaliser, bien que ni le pâturage, ni les eaux ne manquent nulle part dans l'Hinterland de Rabat. Il n'est donc pas extraordinaire que 600.000 bœufs, 2.600.000 moutons et 500.000 chèvres puissent vivre dans un territoire organisé de 3.000.000 d'hectares, dont à peine 500.000 de crêtes inutilisables. Cela ne représenterait en somme qu'une proportion de 1 bête 3/4 par hectare.

Il faut avoir vu les régions de Bône, La Calle et le massif de Kroumirie prolongé jusqu'à Souk-Ahras, qui reçoivent autant de pluie que l'Atlas, pour imaginer l'immense quantité de fourrages à récolter dans la partie montagneuse de notre Hinterland. Là-bas, la production moyenne est de 30 quintaux de fourrage sec à l'hectare, non compris la production en luzernes, betteraves, vesces, avoines et tous autres fourrages artificiels. Avec un rendement semblable, c'est par centaines de milliers de tonnes que se chiffrerait ici, la récolte fourragère.

A l'époque envisagée, les procédés de conservation des viandes par le froid, auront fait de tels progrès sans doute, que le bétail abattu au port d'embarquement représentera plus de la moitié de la production totale. Pour obtenir ce résultat, il faudra se résoudre à faire voyager ce bétail sur wagon aménagé *ad hoc*, ce qui implique nécessairement l'établissement de voies ferrées pénétrant jusqu'au cœur de l'Hinterland.

CHAPITRE IV

COMMERCE

Rabat figure parmi les sept ports de la zone française ouverts au Commerce international.

Le principe de *l'égalité économique* entre toutes les puissances a été imposé par l'acte d'Algésiras, ainsi que l'unité de tarifs dans tous les ports.

Aux *importations* les marchandises d'origine étrangère, *de toute provenance*, y compris la France, acquittent un droit de douane de 10 °/₀ « ad valorem » majoré d'un droit de 2 1/2°/. en faveur de la Caisse spéciale des travaux publics. Le droit de douane de 10 °/₀ est réduit à 5 °/₀ pour les soieries, l'or et l'argent en lingots ; les bijoux, les pierres précieuses, les vins et liquides distillés, les pâtes alimentaires, les boîtiers de montres, les galons d'or, d'argent doré ou argenté. Mais des droits de consommation de 20 francs par 100 kilos de sucre, de 300 francs par hectolitre d'alcool pur, de 150 francs par 100 kilos de thé, et de 70 francs par 100 kilos de café, ont été établis depuis 1914.

Les phosphates et superphosphates de chaux, les scories phosphatées, les phosphates métallurgiques, le sulfure d'ammoniaque, le guano, les poudrettes sont admis à l'importation, en franchise douanière. Au surplus, le matériel agricole importé par les ports de zone française est exonéré du droit de douane de 10 °/. mais reste soumis au paiement de la taxe de 2 1/2°/₀ pour la Caisse spéciale.

Ce régime douanier n'est pas applicable aux marchandises entrant ou sortant par la frontière d'Algérie. Ces marchandises paient un droit de 5 °/. ad valorem à l'entrée plus le 2 1/2°/₀ de la Caisse spéciale. Il est payé à l'exportation un droit de « sortie spéciale » pour la plupart des articles et 5 °/₀ ad valorem, pour certains autres.

Les produits naturels fabriqués ou originaires du Maroc entrant en Algérie par la frontière terrestre sont exempts de droits de douane. Ceux qui pénètrent au Maroc par la même frontière acquittent seulement un droit de statistique.

Aux exportations certaines marchandises sont taxées suivant un tarif qui est de 5,8 ou 10°/₀ « ad valorem ». Sont taxées également les matières végétales, animales et minérales du Maroc et susceptibles d'être exportées ; ce tarif est dans l'ensemble assez élevé.

Le régime de *l'Admission temporaire* est institué pour certains produits tels que sacs vides, toiles d'emballage, caisses en bois, paille de bois, boîtes et fûts vides en fer, bouteilles vides, cercles et fil de fer, cordes, huile pour conserves, échantillons de commerce, outils des ouvriers venant travailler temporairement etc...

Le régime douanier des produits Marocains en France, les assujettit au paiement des droits du tarif minimum.

Le transit en Algérie des marchandises anglaises à destination du Maroc résulte des accords du 8 avril et du 24 août 1917. En principe le commerce de la France et de l'Angleterre est traité sur un pied d'égalité en ce qui concerne le transit par les possessions françaises et anglaises en Afrique. Par suite, les marchandises anglaises destinées au Maroc transitent en franchise à travers l'Algérie, d'Oran à Oudjda.

Port de Rabat-Salé

Les navires entrés dans le Port de Rabat en 1913, ont compté 358 unités, avec un tonnage de 150.623 tonnes pour 67.484 tonnes effectives d'une valeur de 25.053.726 francs. En 1917 par suite de l'état de guerre et des difficultés d'entrée, le nombre de navires n'a été que de 146 pour le transport de 41.255 tonnes effectives, d'une valeur de 41.786.385 francs représentant un peu moins du tiers, à 5 millions 1/2 près, du commerce de Casablanca. Le chiffre des importations a été en 1917 de 35.755.199 francs, et celui des exportations de 6.011.186 francs. Pour 1917 les commerces maritimes de Kénitra et de Rabat sont entr'eux comme 1 est à 1.6.

Au cours de cette année, la barre a été impraticable pendant 53 jours, contre 56 jours à Mehdya.

La tradition communément admise veut que les Phéniciens se soient installés à Chellah, Sla ou Salé, à l'époque de leur pleine puissance pour le troc et les échanges avec les tribus autochtones.

Sous le règne de Pharaon Nechao II (611 ans avant J.-C.), grand amateur de découvertes et qui essaya le premier le percement de l'isthme de Suez, un amiral Phénicien à son service accomplissait le périple d'Afrique à rebours c'est-à-dire en partant de la Mer Rouge.

Lorsque Carthage se substitua à Tyr, elle reprit la plupart des colonies de la mère-patrie et en fonda même de nouvelles. C'est ainsi que 23 siècles et demi avant nous elle fit partir, pour la côte occidentale d'Afrique, toute une flotte de soixante « pentecontères » ou navires à 50 rameurs, emportant 30.000 traitants et colons. Cette expédition connue sous le nom de « périple d'Hannon » paraît avoir dépassé le Cap-Vert et poussé jusqu'aux parages actuels de Sierra-Léone. Les comptoirs ainsi fondés ou repeuplés furent : Tingis, (Tanger), Lixus (Larache), Tymiatérium (Mehdya) Chellah (Salé), Anfa (Casablanca), Henné ou Cerné (Rio de Oro) etc...

La plupart de ces comptoirs diminuèrent d'importance ou disparurent du fait des Romains, des Vandales et des Arabes ou Berbères. Déjà, à l'époque romaine la puissance des civilisateurs s'arrêtait à « Ad Mercurios » située à quelques kilomètres au sud de Salé.

Bien plus tard les Portugais fondèrent Mazagan, et les indigènes, Mogador.

A la fin du XVIII° siècle Salé était la résidence du Consul Français Chénier, le père du poète ; cette ville constituait le centre commercial le plus important du Maroc occidental ; il y existait également une communauté chrétienne, protégée par la France, analogue aux communautés du Levant, avec ses lois, ses juges et ses « Capitulations ». Enfin Salé servait de port d'attache aux navires des pirates qui écumaient l'Océan jusqu'aux côtes d'Irlande.

Malgré les actes de piraterie et les dangers courus par les navigateurs, Salé fut jusqu'à ces derniers temps le grand port d'entrée du nord Marocain. Mais les guerres civiles, pour ou contre les Sultans, la faiblesse du Maghzen et les menaces des tribus qui entouraient Rabat et Salé, amenèrent insensiblement une décadence qui paraissait irrémédiable, lors de l'arrivée des Français.

Laissons parler M. René-Leclerc, chef du service économique du protectorat (conférences de l'Exposition Franco-Marocaine de Casablanca (1915).

« Telles je connus Rabat et Salé en 1904, telles je les retrouvai en 1906, puis en 1910. — Villes prospères, autrefois renommées pour leur commerce et leur industrie, elles étaient paisiblement assoupies sur les deux rives du Bou-Regreg, environnées de tous côtés par des tribus turbulentes et insoumises qui ne laissaient passer ni voya-

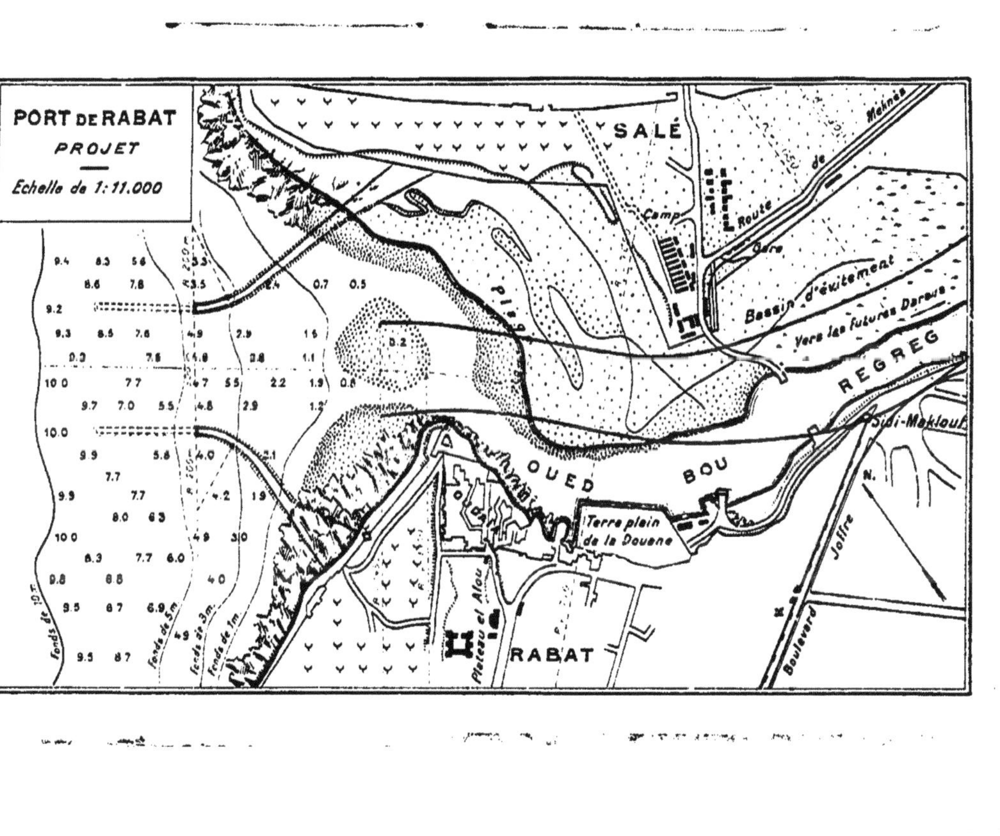

PORT DE RABAT
PROJET
Echelle de 1:11.000
SALÉ
Camp
Route de
Gare
Mehnès
Bassin d'évitement
Vers les futures Darses
REGREG
Sidi-Maklouf
OUED BOU REGREG
Terre plein de la Douane
Plateau el Alou
RABAT
Boulevard
Joffre
N.
Fonds de 10 m.
Fonds de 5 m.
fonds de 3 m.
fonds de 1 m.

geurs, ni marchandises, et qui n'étaient plus autorisées à fréquenter les marchés de ces deux villes. Le trafic du port de Rabat était, de ce fait, en décroissance depuis de nombreuses années ; ses relations étaient devenues à peu près nulles avec Fez et Meknès qui n'avaient de communications régulières qu'avec Tanger et Laracho

« Aussi le trafic maritime de Rabat oscillait entre 5 et 6 millions de francs ; ce qui plaçait ce port à l'avant dernier rang des ports des trois zones marocaines, juste avant Tetouan.

« A partir de 1912, quelques mois après l'occupation : Rabat connut comme Casablanca les bienfaits de notre intervention et son commerce augmenta. Il passa à 13 millions de francs. L'année suivante (1913), ce chiffre doublait presque et dépassait 25 millions. Cette année 1915 les chiffres déjà connus laissent entrevoir que le trafic de Rabat atteindra environ 28 millions, conservant à ce port le deuxième rang qu'il occupe, depuis 1912 : à la suite de Casablanca.

« Les chiffres, ne sont-ils pas symptomatiques malgré leur sécheresse ? Avant notre occupation, le commerce de Casablanca se tenait aux environs de 15 millions de francs, et voici qu'il approche bien près de 80 millions. Avant notre intervention, également, le nord de la zone Française du Maroc n'était desservi que par Rabat dont le trafic annuel moyen était de 5 millions, et voici que les deux ports de Rabat et de Kénitra, qui desservent les mêmes régions, vont atteindre 48 millions, dont 28 pour Rabat et 20 pour Kénitra. Bref avant notre arrivée, il se faisait par ces rades du nord et du centre un commerce qui n'atteignait pas 20 millions ; il dépasse aujourd'hui 125 millions.

« A Rabat, ou plutôt à Rabat-Salé, on remarque aussi de gros arrivages de matériaux, d'articles d'alimentation et d'habillement, quoique en de moindres proportions qu'à Casablanca (la moitié moins en général). Ce port dessert un hinterland important (Zaërs, Zemmours, Zaïan) et, pour certains articles, Fez et Meknès. Les produits de consommation courante indigène ont une assez grande valeur et contribuent pour une large part à donner au port de Rabat *le deuxième rang* parmi les ports marocains. Les exportations de Rabat, encore peu importantes, bien qu'en voie de progression depuis trois ans, portent surtout sur les laines et les peaux. Comme vous le voyez, malgré les inconvénients de la barre qui en hiver, rendent les communications assez difficiles sur la rade de Rabat-Salé, les transactions du port de Rabat sont assez importantes pour lui permettre de tenir le second rang après Casablanca. Sa situation géographique, son choix comme capitale administrative et aussi la pacification d'un arrière-pays complètement insoumis et fermé il y a à peine quatre ans, lui permettent de faire face honorablement aux difficultés que la nature lui oppose. »

Depuis l'Exposition de Casablanca (1915) l'achèvement des travaux en cours au port de Rabat-Salé et ceux qui restent à exécuter ont été confiés à *la Société anonyme des Ports Marocains de Merdya-Kénitra et de Rabat-Salé*. La concession comprend principalement la construction des deux jetées du large, de deux jetées basses intérieures, le chenal à creuser sur la barre d'une largeur de 100 mètres avec des profondeurs sous le zéro (0.00) de 3 mètres d'abord, de 3 m. 80, puis de 4 m. 60 ensuite. A noter qu'avec la plus faible de ces profondeurs les navires disposeront de 7 m. 25 de tirant d'eau par les hautes marées de vive eau et de 5 m. 50 à 6 m. 60 par les marées moyennes. Sont comprises également dans les concessions la construction des quais, et celle d'un grand bassin d'évitement.

L'outillage du port est actuellement très réduit ; les quais construits par le service des T. P. sur 280 mètres de longueur disposent de 4 grues à vapeur de deux tonnes, une de 6 tonnes et une à main de 1 tonne 500. Le rendement journalier est de 200 tonnes au maximum ; ce faible résultat tient à ce que les quais sont installés avec très peu de tirant d'eau, et que dès lors les opérations se font ou en rivière ou en rade, d'où l'emploi de chalands et de barcasses, d'où encore des frais disproportionnés de manutentions et de surestaries.

L'achèvement de tous ces travaux devrait pouvoir être un fait accompli dans un délai assez restreint. Mais, étant donné les circonstances actuelles on se trouve dans l'obligation de marcher avec la plus stricte économie, en raison des prix extraordinaires des matériaux et du matériel, rails et machines de tout ordre. D'autre part, cette question d'économie amène le Protectorat à subordonner la marche active des travaux, à la construction de la voie ferrée de 1 mètre 44, Rabat-Les Carrières-Mehdya, qui deviendra ainsi définitive, et fera partie intégrante, du moins jusqu'à l'embranchement de Mehdya, du grand réseau ferré du Maroc Occidental.

Le port de Rabat-Salé a atteint avant la guerre en 1913, un tonnage effectif total de 67.484 tonnes presque tout à l'importation, à 744 tonnes près, contre 242.332 tonnes à Casablanca soit 28 °/₀ environ. Cette infériorité provient partiellement, de ce que l'arrière pays Zaër, Zemmour, Iguerouan et Béni-M'tir était insoumis au Sud de la

Route Impériale passant par Tiflet, tandis que la Chaouïa produisait en paix depuis 1908. Au surplus pas une seule route aboutissant à Rabat-Salé, n'était encore construite et le chemin de fer militaire qui rendit tant de services au commerce par la suite, se trouvait en cours d'exécution entre Meknès, Kénitra, Rabat et Casablanca.

De 1917 à 1919, le redoublement d'action de la guerre sous-marine obligea le gouvernement à concentrer toute la défense à Casablanca et à abandonner, ou presque, tous les autres ports de la côte Atlantique : quelques petits vapeurs réussirent cependant à fréquenter Kénitra, situé à 17 kilomètres dans l'intérieur des terres. Quand à Rabat, la position du mouillage, en rade, mettait tous les navires, sans exception, à la merci des sous-marins ennemis. Un autre fait vint accentuer cette dernière difficulté : les printemps de 1918 et 1919 furent très peu pluvieux (moins de 200 ᵐ/ᵐ à Tedders pour janvier, février et mars) d'où des crues du Bou-Regreg insuffisantes pour dégager le chenal de la passe. Ce chenal, ensablé de plus en plus, ne permet plus le passage aux navires de 1200 à 1500 tonnes qui fréquentaient précédemment le port.

Cette situation désastreuse disparaîtra bientôt, le jour où les deux jetées du large, plus les deux jetées basses seront construites et le chenal de la barre creusé. Malheureusement, ainsi que nous l'avons noté plus haut, la question du matériel domine tout. On essaye actuellement de canaliser le chenal divaguant de la barre, en construisant partiellement la jetée basse de rive gauche du Bou-Regreg, afin de gagner quelques pieds, en profondeur ; y réussira-t-on ? Nul ne saurait l'affirmer, mais il y a des probabilités pour que cette mesure obtienne le succès recherché. D'ailleurs, quel qu'en soit le résultat, puisque de toute manière les jetées basses sont à construire, c'est autant de temps de gagné.

Le trafic de 1913, 67.484 tonnes d'une valeur globale de 25 millions de francs et d'une valeur par tonne de 370 francs, est-il susceptible d'augmentation et dans qu'elles proportions ?

A ce sujet, il y a lieu d'envisager trois périodes :

1°. — Celle qui s'étendra du moment présent au jour où les navires pratiqueront *librement* le port par tous temps, cette période correspond au temps nécessaire à l'achèvement des jetées et du chenal de la barre.

2°. — La deuxième période partira du jour de l'achèvement de ces ouvrages principaux jusqu'après l'aménagement des principales voies de l'hinterland.

3°. — Enfin, la troisième période prendra son origine au moment où cet hinterland sera complètement muni de ses routes et voies ferrées, de ses canaux d'irrigation, de ses forces naturelles et de sa colonisation française.

En ce qui concerne *la première période*, il faut se résigner à subir encore pendant quelques temps, *le marasme le plus profond*, résultante certaine de l'embouteillement du port par les sables.

La deuxième période n'est qu'un pis-aller. On a lu dans les pages de M. Allix, reproduites ci-dessus, qu'augmenter « l'arrière-pays » c'est augmenter « dans des proportions équivalentes la vie économique du port. » M. Allix, ajoute plus loin, qu'un port « ne peut prétendre à aucun rôle commercial s'il n'a derrière lui l'arrière-pays économique et les *grandes routes indispensables* ». La Chambre de Commerce partage les convictions du distingué conférencier, même lorsqu'il fait allusion aux luttes à livrer afin d'ouvrir un débouché maritime à l'Hinterland. D'ailleurs un groupement humain de 60.000 âmes, que la nature et la tradition ont maintenu à travers les vicissitudes des âges, *obtient toujours* les voies ferrées nécessaires à son existence. Tel est le cas de Rabat-Salé.

Cette vérité d'ailleurs a été confirmée, ici-même par les événements : l'espèce d'ostracisme dont le premier programme de travaux publics avait frappé la capitale, tant au point de vue du port qu'à celui des voies de communication, fut bien vite levé. En 1916, Rabat obtint la route de Meknès par Tiflet, non prévue en 1913, maintenant construite ; elle obtint ensuite le port qui est actuellement en cours d'exécution. Quelque temps après le port, le Protectorat accordait la route de Rabat-Tadla, en voie d'exécution également, mais d'exécution lente, trop lente même, puisqu'après plus de 5 ans, les trente premiers kilomètres ne sont pas encore livrés à la circulation (1920).

Ces retards déplorables constituent avec l'ensablement du chenal de la passe, les causes directes et incontestables du marasme dans lequel se trouve plongée la cité depuis deux ans, et que l'on aurait pu éviter si l'on avait voulu entendre *à temps* les doléances des habitants.

Pour revenir à cette deuxième période, son trafic dépassera assurément celui de 1913. D'abord, par suite de la mise en service des routes, ensuite comme résultante de l'extension de la colonisation française autour des villes et dans les pays de riche culture desservis. Le tonnage de 1913 peut donc s'accroître de 50, 100 ou 150 %, mais en l'état actuel, l'une quelconque de ces proportions ne saurait être certifiée.

Ce serait alors par 100.000, 120.000, 150.000 tonnes, ou plus, que se chiffrerait le trafic du port de Rabat-Salé.

En ce qui concerne *la troisième période*, celle qui, toutes proportions gardées, correspond à l'état économique de la Tunisie de 1919, il ne tient qu'aux habitants de l'Hinterland d'en activer la venue, en réclamant sans cesse l'exécution du programme de travaux qui est indispensable au développement du pays.

Des chiffres assez approchés peuvent indiquer *le Commerce extérieur* de l'Hinterland amélioré et tel que nous l'avons décrit, savoir :

Exportations

Blé, orge, avoine, maïs, lin........................	35.000	tonnes
Primeurs, légumes, fruits......................	2.500	»
Lièges, tanins...............................	5.000	»
Bois d'œuvre, cèdres, thuya, pin, noyer, etc....	2.500	»
Bovins (1 tonne par tête)......................	10.000	»
Ovins (1 tonne par 4 têtes)	30.000	»
Laines et peaux..............................	5.000	»
Vins, huiles, etc..............................	30.000	»
Total :	120.000	»

Nous sommes persuadés que ce chiffre est de beaucoup inférieur à la réalité, en ce qui concerne les céréales, bois, bétail, laines et peaux. D'ailleurs la modération de cette évaluation est prouvée par l'examen du trafic Oranais.

La circonscription de la Chambre de Commerce d'Oran englobe les arrondissements d'Oran, Bel-Abbès, Tlemcen et Mascara, les ports d'Oran, Nemours, Béni-Saf, Mers el Kebir et Arzew, plus quelques mouillages négligeables.

Sa population, en 1916 était de 989.067 habitants dont 18.828 patentés. Le nombre de navires ayant fréquenté le port d'Oran, cette même année s'est élevé à 5467, représentant 6.363.7.. tonneaux, de jauge en décroissance de 13 % sur les années antérieures. Pendant cette même période, les ports secondaires de la circonscription d'Oran ont abrité 1699 navires jaugeant 524.691 tonnes.

Le Commerce extérieur (importation et exportation réunies) donnait avant la guerre une moyenne de 280 francs par tête d'habitant de la circonscription, soit 281 millions pour 989.067 habitants.

Si nous prenons ce chiffre comme bon, de plus, si nous admettons un accroissement de population dans l'Hinterland de Rabat de 50°/. en 20 ans comme dans la Régence de Tunis, — population en 1881, 1.218.000 habitants, en 1901, 1.776.000 habitants (conférence Porche à l'Exposition de Casablanca). — on voit que le Commerce extérieur des 600.000 habitants de l'Hinterland (400.000 × 50 °/.) représenterait environ 170 millions de francs Ce chiffre n'est pas définitif ; il est susceptible d'une certaine augmentation puisque nous avons négligé tous les territoires du Grand Hinterland, situés à l'Est du méridien de Fez et au Sud de la Moulouya.

Si nous conservons à la tonne de marchandise de Rabat, sa valeur moyenne de 1913, soit 370 francs, ce qui représente le double de la valeur .noyenne de la tonne, la même année à Oran, si nous admettons des tonnages d'importation et d'exportation égaux, nous verrons bientôt l'exactitude de cette hypothèse, le trafic du port de Rabat-Salé ne sera plus que de 2 × 120.000 tonnes × 370 francs = 88.800.000 francs, c'est-à-dire la moitié à peine du chiffre de 170 millions, trouvé plus haut ; c'est-à-dire encore que le tonnage de 120.000 tonnes envisagé ci-dessus est *beaucoup trop faible.*

En ce qui concerne l'égalité de l'importation et de l'exportation M. Porche (Conférences de l'Exposition de Casablanca) a donné les détails suivants : en Algérie, l'importation du début a primé l'exportation de beaucoup. En 1838, le rapport des entrées aux sorties était de 20 pour Alger, de 5 pour Oran ; en 1865, ce rapport est tombé à 2 ; en 1875 il est descendu à 3/2 et en 1910, il a été sensiblement égal à 1.

En *Tunisie* la proportion est analogue, mais la marche fut plus rapide, l'égalité entre les entrées et les sorties fut atteinte en 30 ans, c'est-à-dire le temps nécessaire pour construire de toutes pièces les réseaux routiers et ferrés et les ports inexistants, pour ainsi dire, avant l'arrivée des Français.

Il est permis d'espérer qu'au Maroc, où l'on profite de l'école faite chez nos voisins, où l'on avance à pas de géants, l'égalité des entrées et sorties mettra moins de 20 ans, et, *si nous savons travailler* moins de 15, peut-être moins de 10.

Dans l'évaluation du tonnage nous avons intentionnellement omis les produits du sous-sol encore ignorés. On sait qu'il suffit souvent de peu de chose pour voir monter soudainement la courbe de trafic d'un port. Les exemples abondent, nous citerons Sfax, Tunis, Bône, dont les tonnages quintuplaient, décuplaient, centuplaient même (Sfax), avec les minerais de fer ou les phosphates de leurs Hinterlands.

Les phosphates de l'Oued-Zem, ceux qui peuvent exister dans les pays Zaër, Zaïan ou ailleurs, ainsi que tout porte à le croire, peuvent être pour Rabat ce qu'ils sont pour les ports Tunisiens. D'autre part si les permis de recherches de mines délivrés pour l'Hinterland de Rabat, donnent quelques résultats, même modestes, une majoration notable du tonnage d'exportation s'ensuivrait. Dans ces conditions, *le million de tonnes* serait bien vite atteint.

CHAPITRE V

INDUSTRIE

L'industrie indigène garde jalousement les traditions du passé ; les artisans groupés en corporations : babouches, meubles, poteries, tapis, cuivres ouvrés, forgerons, moulins, tanneries, etc., vivent une vie industrielle, exactement semblable à celle du moyen-âge ou d'avant 1789. C'est-à-dire que la grande industrie n'existe pas chez les indigènes et encore moins la *machinerie*. Cependant les meuniers tendent à remplacer leurs mulets, ânes, chameaux, par des petits moteurs à pétrole. Mais voici la « fée électricité » qui vient de conquérir droit de cité dans les grandes villes de Rabat et de Fez, bientôt de Meknès, et qui apportera aux petites industries familiales le secours de ses facilités, de sa propreté et surtout, le bon marché de la force, qu'aucun autre moteur ne peut concurrencer.

Parmi les corporations florissantes, celle des tanneurs se trouve placée au premier rang et occupe à Rabat, seulement, 3oo ouvriers répartis dans une trentaine d'établissements. La réputation non usurpée des cuirs « maroquins » est due, pour la plus grande part, aux tanneries de Rabat, placées pour ainsi dire à l'orée des forêts de chênes-lièges de la Mamora et des Sehoul, grandes productrices de tanin, trop grandes productrices, puisque ces forêts de tout premier ordre ont été invariablement dévastées, des siècles durant. Meknès et Fez possèdent également des tanneries ainsi que la série d'industries qui en découlent, babouches, harnachements, etc...

La babouche, notamment était l'objet d'un actif commerce d'exportation avant la guerre : de Saint-Louis, du Sénégal à Alexandrie, d'Égypte, toutes les villes des côtes Atlantique et Méditérannéenne se fournissaient au port de Rabat-Salé, presque exclusivement, pour l'appoint de leur production locale, très insuffisante et en général plus grossière.

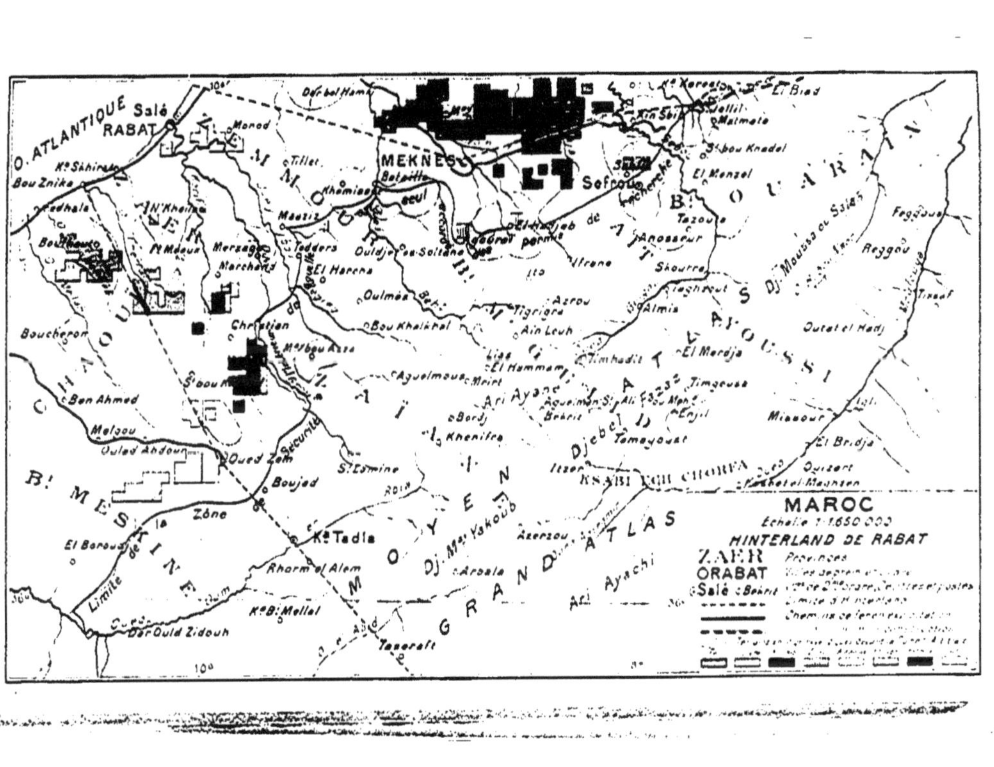

O. ATLANTIQUE Salé
RABAT
Kt Sthirat
Bou Znika
Fedhala
N'Kheila
Boulhaut
Pt Mdeus
Boucheron
Ben Ahmed
Melzou
Ouled Abdoun
El Boroudj
Dar Ould Zidouh
CHAOUIA
Bt MESKINE
Limite de la Zône
Oued Zem
S. Lamine
Boujad
Kt Tadla
Rhorm el Alem
Kt Bt Mellal
Taserelt
Monod
Tillet
Khémiss
Maaziz
Teddors
El Harcha
Oulmès
Christian
Mt bou Azza
Sbou
Dar bel Hamri
Khémisset
MEKNES
Betaille
El Hajeb
Ouldjet es Soltane
Gabrel
Ito
Oulmès Boh.
Bou Khalkhal
Tigrigra
Ain Leuh
Azrou
Aguelmous
Mrirt
El Hammam
Khenifra
Roin
Dj. Mt Yakoub
Arbala
DE Abd
MOYEN
Ari Ayane
Bordj
Itzer
Azerzou
GRAND ATLAS
Ari Ayachi
Dj. Mer
Ali
Bekrit
Tamayoust
KSABI ECH CHORFA
Timhadit
El Merdja
Aguelmam
Enjil
Timgoucs
Missour
El Bridja
Ouizert
Rchet el Maghzen
Sefrou
El Hajeb de
Anosseur
Skourra
Seghrout
Sio Almis
Outat el Hadj
Tazouta
Djt Moussa ou Salah
Reggou
Tisaf
BOU ARMIN
SAT YAOUSSI
Korcion
Ain Sbit
Sidi
Matmata
bou Knadel
El Menzel
El Bied
Feggous
MAROC
Echelle 1:1.650.000
HINTERLAND DE RABAT
ZAER
ORABAT
Salé
Provinces
Villes capitales
Limite et Hinterland
Chemins de fer en exploitation

Avec la babouche, quelques cuirs, quelques cuivres repoussés, une petite quantité de tapis de laine, industrie qui est en cours de rénovation, quelques poteries à facture orientale ou plutôt africaine; tels sont les articles exportés, de fabrication indigène.

L'industrie *européenne* se rapporte principalement à l'alimentation, minoteries, pâtes alimentaires, sirops, glaces, etc., et n'importe aucune de ces productions en temps normal.

Cependant à Rabat, il a été organisé pendant la guerre une tannerie européenne travaillant tous les cuirs du pays, sans exception. Les indigènes, tanneurs, traitaient rarement les cuirs des gros animaux, bœufs, chevaux, chameaux et, il est superflu d'ajouter à cette nomenclature, le cuir de *porc*.

De même, quelques industries françaises, pour le travail du fer et des métaux et pour les besoins des automobiles, se sont installées depuis quelques années et ont pu suppléer aux ateliers militaires, notamment, en ce qui concerne la construction de ponts et autres ouvrages en fer.

Les besoins des armées, pendant la guerre, ont amené la création d'usines de crin végétal qui ont assez bien réussi temporairement, mais un ralentissement considérable s'est produit dans la demande du crin végétal, depuis la cessation des hostilités, et il est à craindre qu'il en soit de cette industrie, au Maroc, comme en Algérie et en Tunisie où à de rares exceptions près, en a eu à enregistrer beaucoup de déboires. Cependant la fibre du palmier nain se prêterait à de multiples usages ; elle pourrait être employée à la fabrication de cordages, de toiles à sacs, à bâches, à voiles, pure ou en mélange avec les fibres d'alfa, de lin ou de chanvre également produites par le pays. Le palmier nain présente cet avantage, sur le jute et le sisal, notamment qu'il pousse spontanément dans le Maroc Occidental jusqu'à 800 mètres d'altitude. Cette plante, dédaignée jusqu'ici dans l'Afrique du Nord est aux plaines du Tell, ce que *l'alfa* est aux Hauts-Plateaux. Les défrichements progressifs restreindront son aire, mais il restera toujours assez de sables infertiles, de terrain rocailleux, de pâturages inutilisables par la culture pour n'avoir pas à redouter sa disparition absolue.

Les fabricants de crin végétal se sont installés aux abords des villes et des centres de colonisation, ce qui a exigé l'emploi très cher de moteurs ; cependant des industriels de Fez ont créé une petite usine sur l'Oued-Nja, de débit constant, auquel ils peuvent emprunter une force de 50 à 100 H. P. Cette expérience serait à multiplier dans l'Hinterland de Rabat, où le captage de chutes hydrauliques est possible en de nombreux points.

Les forêts de l'Atlas ont fourni pendant la guerre, une notable partie du bois de construction employé au Maroc La période initiale fut très dure, en raison du manque de voies de communication ; le transport des produits qui se faisait sur piste, partie sur terres grasses, partie sur terrain rocailleux et l'insécurité régnant aux abords mêmes des chantiers n'étaient pas pour activer l'exportation. Mais depuis un an ou deux la construction de la route de la Moulouya ainsi que la création de postes militaires ont pu améliorer la situation à un tel point, que deux sociétés puissantes se sont installées à Azrou et Aïn Leuh pour l'exploitation de coupes importantes, de milliers de mètres cubes, de cèdres et de chênes. Ces Sociétés ont amené à grands frais des moteurs à vapeurs pour actionner des scieries perfectionnées ; le moment n'est pas éloigné où l'exploitation régulière de ces forêts ainsi que l'ouverture de la voie ferrée de 1.oo d'Azrou à Meknès permettront l'expédition à la côte, de quantités importantes de beaux spécimens de bois d'œuvre.

Mines et Carrières

La variété des terrains qui composent l'Hinterland de Rabat encourage aux plus magnifiques espoirs.

Géologiquement en effet, le Maroc est le prolongement de la péninsule Ibérique et plus particulièrement de l'Andalousie.

La Cordilière Bétique plonge sous le détroit de Gibraltar et sous l'extrème Méditerranée Occidentale pour reparaître, dans le Rif et dans l'Atlas. Au surplus, la plaine ou Mesela Espagnole présente exactement les mêmes caractéristiques que la plaine Subatlantique ou Mesela Marocaine.

Les quelques prospections faites jusqu'ici semblent bien démontrer l'existence d'une minéralisation marocaine, identique à la minéralisation andalouse.

Les massifs littoraux contiennent du fer, du plomb, du cuivre, de la calamine, du manganèse, de l'antimoine etc... On prétend même avoir trouvé du mercure dans les Béni-Mguild et de l'émeri vers Timhadit ; au surplus la présence de schistes à empreintes charbonneuses laisse supposer l'existence de houille et d'anthracites. Tous ces minerais d'ailleurs sont exploités en Bétique, très fructueusement.

Ce qui est indiscutable, c'est la découverte de phosphates de chaux, par quantités énormes, comme en Algérie et en Tunisie, dans les environs d'El Boroudj et de l'Oued-Zem, ces derniers à la limite Sud de l'Hinterland de Rabat. Leur teneur serait supérieure à celle des phosphates de Tébessa, 75 à 78 % de phosphate pur, ce qui les classerait parmi les meilleurs du monde.

Au sujet des phosphates on admet généralement que leur aire géographique dans le Maghreb intégral s'étendrait suivant un vaste parallélogramme dont les deux petites bases passeraient par Gafsa, d'une part par El Boroudj d'autre part. L'immense nappe aurait été coupée à peu près diagonalement par le soulèvement d'origine volcanique qui, sur l'ancien continent arasé a dressé l'Atlas sourcilleux du Cap Guir (Atlantique) au Cap Bon (Tunisie), de sorte que l'aire marocaine de ces phosphates ne posséderait pas la puissance qu'on était tenté de lui attribuer au premier abord. Mais il est permis de croire que la nature n'agit pas toujours avec cette rigidité géométrique invoquée dans le cas présent et que les forces tumultueuses des volcans de l'âge tertiaire ont pu aussi bien découper des caps et des golfes en dehors du parallélogramme envisagé dont nul humain n'a mesuré les côtés. On a signalé des phosphates non loin de Rabat ; d'aucuns, spéculant, par analogie avec l'aspect des gisements de Gafsa ont prétendu que les plâtres de Marchand ou de Meknès et les *tables* des Zaïans décèlent l'existence du précieux engrais.

Les permis de recherches déposés au service des mines, pas encore très nombreux pour l'Hinterland de Rabat, se rapportent à des minerais divers, savoir : vers Sefrou, du plomb : entre Vinchkef et Dar Bel Hamri du pétrole : à El Hajeb, à Agouraï, du zinc : à Merzaga, de l'antimoine ; à Zegotta, à Oued Zem et à Monod du phosphate ; à Rabat, à Sidi Yahia et vers Fort Meaux du fer ; au Nord, au Sud de Christian et au Sud de Fort Meaux du plomb ; à Marchand et entre Boulhaut et Fort Meaux du cuivre. Au Sud de Bou Knadel, de l'or.

Si la bonne fortune de Rabat voulait que quelques-unes de ces recherches missent à jour des mines de puissance moyenne et facilement exploitables, la création d'un réseau ferré s'imposerait à bref délai, d'autant mieux que la rémunération du capital de premier établissement serait assurée. En effet, on compte que 100.000 tonnes de minerai apportent au chemin de fer une recette kilométrique de 5000 francs et au port d'embarquement, une recette totale de 200.000 francs, tant pour redevances à l'État que pour manipulations diverses. (Conférence Porche précitée). Il y a lieu de doubler en chiffres actuellement (1920).

A Agouraï, 3o kilomètres Sud de Meknès, un industriel de cette ville exploite depuis l'an dernier, une *ardoisière* remarquable par la finesse de ses produits en tout semblabies à ceux de Bretagne ou de Savoie ; on a d'ailleurs signalé l'existence de roches analogues vers Marchand et, des renseignements recueillis il résulte que dans la zone de sécurité incertaine et de formation primaire également, les schistes ardoisiers ne sont pas rares.

Les roches calcaires qui constituent *le toit* des terrains anciens sont exploitées depuis un temps immémorial pour la chaux et le plâtre. On a découvert à côté de Fez et vers Petitjean des calcaires aptes à la fabrication des ciments et des chaux hydrauliques. Les pierres à plâtre se rencontrent, très abondantes, vers Marchand, Meknès et Fez : ces dernières servirent aux stucs et décorations des palais des Mérinides et des demeures des riches particuliers des deux capitales.

Les carrières de calcaires saccharoïdes de l'Oued Akreuch à 12 kilomètres de Rabat, sont utilisées pour la construction du port ; la lourdeur et l'homogénéité de la pierre en font un *matériau* de premier choix ; ces carrières fournissent également aux constructions urbaines, des pierres ressemblant à s'y méprendre au marbre gris. D'ailleurs, il a été signalé des marbres, sur les bords du Bou-Regreg un peu à l'amont de ces carrières d'El Akreuch. Le marbre existe certainement dans le massif du Zerhoun, témoin les belles colonnes de *Volubilis* mises au jour par le Service des Antiquités, ou antérieurement utilisés par les sultans à Meknès.

On exploite aux environs de Fez, une mine de sel gemme qui envoie ses produits jusqu'aux environs de Tlemcem et dans le Tafilelt. Cette exploitation exclusivement indigène ne peut évidemment se comparer à celle qui se pratique dans les mines Autrichiennes, de même nature, mais si elle était entreprise rationnellement, il y aurait là un gros commerce à prévoir avec les régions Soudanaises, si mal partagées.

En ce qui concerne *le Régime Minier marocain* le principe établi est l'attribution de la mine à l'inventeur, à titre provisoire d'abord, et aux droits limités, puis à titre définitif, par la transformation *du permis de recherches en permis d'exploitation.*

Le permis de recherches est valable 3 ans ; avant l'expiration de cette période, le titulaire peut demander le permis d'exploitation.

Ce dernier confère à titre définitif, le droit d'exploiter les substances de toute nature, classées dans les mines, savoir: les minerais *de tous métaux de soufre et d'arsenic, les combustibles fossiles, les hydro-carbures, les nitrates, borates, sels gemmes, sels de potasse ou associés, sources salées et phosphates.* Ce dernier trait constitue une différence importante avec les régime miniers algérien ou tunisien qui classent les phosphates dans les *carrières.*

En ce qui concerne *les nitrates, sels et sources,* ils ne peuvent être exploités qu'en vertu d'adjudications publiques suivant clauses et conditions d'un cahier des charges, l'adjudication porte sur le taux *d'une redevance spéciale* à payer à l'Etat Chérifien par tonne de produits extraits. Les explorateurs munis de permis de recherches, ayant découvert des gîtes nouveaux et démontré leur exploitabilité, sont déclarés *inventeurs* par décision du Service des Mines et ont droit pendant 15 ans, au cinquième de la *redevance spéciale* versée à l'Etat par l'exploitant. D'après un Dahir récent (1920) l'exploitation des *phosphates* est entièrement réservée au gouvernement Chérifien.

La guerre a fait perdre un temps précieux aux prospecteurs et aux travaux de recherches. Il est à souhaiter une activité nouvelle qui mériterait les encouragements du gouvernement Chérifien. De l'exploitation du sous-sol dépendent, en effet, et le développement de la colonisation et la prospérité des villes de la côte, étant donné que cette exploitation n'est rémunératrice en général que lorsqu'elle dispose des voies ferrées nécessaires pour anemer les produits aux ports. L'exemple de la Tunisie est probant : des régions les plus désertiques sont devenues terres de colonisation, où les cultures le disputent à l'élève du bétail. Etant donnée la très grande importance, prise dans l'économie publique par les hydro-carbures et l'existence reconnue de champs pétrolifères, le Protectorat doit se résoudre à acquérir un ou deux appareils de sondage, analogues à ceux de Pechelbronn (Alsace) et à entretenir à l'Ecole de Sondages récemment créée dans ce centre industriel, quelques élèves pris parmi les bons sujets des écoles Marocaines, sans distinction de confession.

Pêche

Les eaux marocaines de la côte Atlantique sont extrêmement poissonneuses ; leur *faune* est constituée par des espèces de l'Atlantique Nord, de la Méditerranée, des côtes de Mauritanie et du Sénégal. Ce mélange curieux de faune des mers froides et des mers tropicales, l'abondance du poisson, s'expliquent par un ensemble de conditions biologiques éminemment favorables au développement et à la nourriture des *alevins* d'abord, *des adultes* ensuite ; la présence presque constante de *plankton* leur assure une nourriture largement suffisante et constitue, sans doute, le meilleur facteur de la richesse *ichtyologique* des côtes marocaines. Les micro-organismes qui composent le *plankton* et qui deviennent la pâture des jeunes sujets se comptent en effet par millions dans un mètre cube d'eau.

Sans vouloir donner une liste complète des espèces qui vivent dans les eaux marocaines, nous pouvons indiquer les plus importantes savoir : la *Daurade* de Mauritanie, la grande *courbine*, la *sole* vulgaire, la *sole* du Sénégal, le *merlus*, connu à Paris sous le nom de *colin*, le *merlan*, le *rouget*, le *turbot*, le *grondin*, le *chien* de mer, diverses espèces de *sarges*, le *maquereau*, la *sardine*, l'*anchois*, la *raie*, le *loup*, également le *mulet*, l'*alose*, l'*anguille* et le *bar* qui remontent les fleuves etc..., etc...

Les rochers de la côte abritent de nombreuses *langoustes*, des *homards*, des *crabes* monstres et la grosse *crevette* ; ils servent d'appui à d'innombrables grappes de *moules* et *d'huîtres*.

Le pêche locale extrêmement limitée est de peu d'importance et emploie quelques balancelles à Casablanca et à Fédalah ainsi que quelques canots dans les estuaires. Plusieurs essais faits à Rabat n'ont pas réussi, par suite des difficultés opposées par la barre ; ces essais cependant ont démontré l'abondance de poisson dans ces parages et la possibilité d'une pêche féconde, dès que l'entrée et la sortie du port seront assurées.

Les fonds de la côte marocaine constitués en général par des sables coquilliers plus ou moins mélangés de vase et de vases pures, laissent percer quelques têtes rocheuses, à proximité de la terre, et jusqu'à la côte 100, au delà de cette côte les pointes de rochers sont rares. La ligne des sondes de 100 mètres passe à 6 milles au large de Rabat contre 12 milles à Fédalah, 13 milles à Casablanca, 18 milles à Mazagan, 26 milles à Safi, 14 milles à Mogador etc... Rabat se trouve donc avantagé en ce sens que les bâteaux de pêche en action, surpris par un grain ou une tempête, peuvent rentrer au port en quelques instants, tandis qu'ailleurs, les risques sont deux, trois quatre fois plus considérables.

A partir de la côte 100, les fonds se montrent éminemment propres au *chalutage à vapeur*. Depuis longtemps déjà les Espagnols viennent travailler sur la côte marocaine soit au moyen de petits chalutiers à vapeur, soit avec des voiliers, *balancelles, bœufs* : qu'ils abritent en cas de mauvais temps à Fédalah et c'est là la meilleure preuve que le chalutage à vapeur est possible.

D'ailleurs, avant la guerre, les grands chalutiers français de Boulogne et d'Arcachon, les chalutiers anglais de Hull et de Grinsby fréquentaient nos eaux d'une façon à peu près continue surtout en hiver mais sans approcher de terre. Ils faisaient *leur plein* de poisson qu'ils conservaient entre des couches de glace, et rentraient à toute vitesse à leur port d'attache.

Ce système évidemment défectueux, n'est pas à conserver ; il est très vraisemblable que les *Sociétés de pêche* qui ne manqueront pas de s'installer au Maroc, procèderont de toute autre manière ; les chalutiers pêcheront et des *bateaux-chasseurs*, munis de frigorifiques transporteront les produits, non utilisés sur place, à Port-Vendres, Cette et Marseille, ou à Bordeaux.

L'utilisation sur place des produits de la pêche comprend : l'alimentation en poisson frais des villes de la côte et même de l'intérieur lorsque les voies ferrées fonctionneront, la préparation du poisson sec, et enfin, l'industrie des conserves. Un sous-produit nullement à dédaigner, la préparation d'engrais avec tous les déchets et les mauvais poissons *après extraction de l'huile*, a son emploi tout désigné dans l'industrie agricole.

Une fabrique de conserves s'est installée depuis peu à Fédalah, et paraît donner des résultats satisfaisants, pour ceux qui en eurent l'initiative.

La pêche étant encore soumise à des conditions trop précaires à Rabat, les industries qui en découlent attendront l'ouverture du port avant de s'y installer. Tout ici est un encouragement : Côte poissonneuse, fonds favorables rapprochés, *marais salants* dans l'estuaire même du Bou-Regreg ; huiles d'olive de Meknès et de Fez en abondance et de qualité supérieure, main-d'œuvre marine exercée, etc... etc...

Marais salants

Pour incroyable que cela paraisse, le Maroc *est importateur de sel* par milliers de tonnes, annuellement importées par l'Espagne, à laquelle nous payons ainsi un joli tribut.

Cependant il existe des mines de *sel gemme* à Fez et au Zerhoun, des lacs salés dans le Houz et surtout 500 kilomètres de côtes sur *l'Océan Atlantique.* Nous laissons donc perdre bénévolement un produit d'une valeur supérieure, en temps normal à celle de la houille, des minerais, du phosphate de chaux etc... et pour la récolte duquel, il suffit de *vouloir bien se baisser.*

A Sousse, à Sfax (Tunisie) les voiliers norwégiens, danois et suédois, emportaient comme frêt de retour des milliers de tonnes de sel, récolté sur les bords de la mer des Syrtes. A Gafsa les caravanes du Sud Tunisien et même Tripolitain venaient charger par centaines de chameaux, le sel provenant des *Chotts* salés des environs ; le gouvernement Beylical avait installé un monopole très serré sur ces produits, accordant néanmoins de larges facilités pour les industries des conserves, des salaisons et de l'huile.

Le commerce du sel dans l'intérieur du Soudan et de l'A. O. F. est plus particulièrement entrepris pour le troc et les échanges ; ce sel provient, partie de salines Sahariennes, partie d'importation par Dakar, Saint-Louis et autres ports.

Quelques marais salants existent sur les côtes marocaines, notamment à Rabat Salé et à Azemmour : mais cette industrie assujettie à la loi du *moindre effort* comme la plupart des industries indigènes, ne livre que des produits de mauvaise qualité, sales, terreux, grossiers, utilisés surtout par les *saleurs de peaux* et par les tribus.

L'installation de marais salants, bien organisés, dans l'estuaire du Bou-Regreg se réaliserait moyennant des dépenses très faibles. Cet estuaire est capable de produire, à lui seul, tout le sel de consommation nécessaire à la population entière, ainsi qu'à tous les besoins industriels du Maroc plus un certain tonnage d'exportation. C'est par vingtaines d'hectares en effet, que l'on peut dénombrer les terres naturellement salées de l'Oulja de Rabat-Salé, donc inutilisables pour la culture, et susceptibles d'être transformées en marais salants.

Au surplus les sous-produits des lavages et des déchets, soude, acide chlorydrique etc... représenteraient des sommes appréciables.

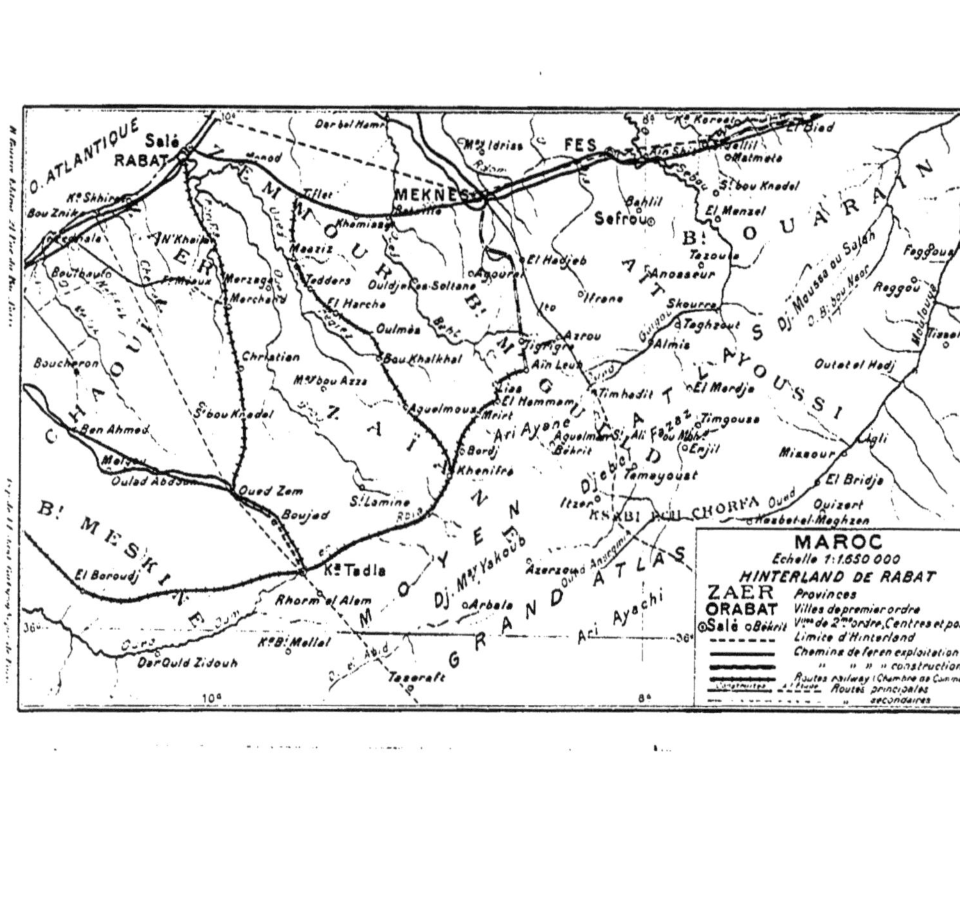

O. ATLANTIQUE
Salé
RABAT
FES
MEKNES
Sefrou
Azrou
Khenifra
Ks Tadla
CHAOUIA
B! MESKIE
MOYEN ATLAS
GRAND ATLAS
B! OUARAIN
AIT AYOUSSI
ZEMMOUR
ZAER
ORABAT
MAROC
Echelle 1:1.650.000
HINTERLAND DE RABAT
Provinces
Villes de premier ordre
Villes de 2me ordre, Centres et postes
Limite d'Hinterland
Chemins de fer en exploitation
"   "   "   en construction
Routes principales
Routes secondaires

CHAPITRE VI

VOIES DE COMMUNICATION

Routes et Pistes

Avant l'arrivée des Français, il n'existait pas un kilomètre de route au Maroc : la circulation empruntait des pistes non entretenues, sablonneuses, rocailleuses, raboteuses, suivant la nature et le relief des terrains traversés. Ces pistes étaient surtout fréquentées par des caravanes où les chameaux, mulets, ânes et chevaux fraternisaient avec des bœufs porteurs.

A l'origine de l'occupation, les entrepreneurs de transports militaires firent usage de « l'araba » charrette à une bête portant jusqu'à 8 quintaux. Ce véhicule, employé surtout en Tunisie, représente une survivance de l'antique *char romain*.

L'accord franco-allemand du 4 novembre 1912 (Agadir) avait imposé au sujet des voies ferrées, la *priorité* pour la ligne Tanger, Meknès, Fez ; seul était autorisé l'établissement d'un chemin de fer militaire pour les besoins du corps d'occupation. Le Protectorat se trouva donc dans l'obligation de pousser *à fond*, la construction des routes et cela parallèlement à celle du chemin de fer militaire conçu et exécuté à la voie de 0.60.

Le programme de 1913 établi pour l'Emprunt de 1914 ne prévoyait que 1500 kilomètres de routes principales. Depuis il fut reconnu nécessaire de porter ce chiffre à 2074 kilomètres et de lui adjoindre encore 569 kilomètres de routes secondaires. D'où le deuxième Emprunt de 1916.

Mais, chose surprenante, sur le premier programme, Rabat-Salé se trouvait complètement démuni de voies de pénétration dans l'intérieur ; on se contentait uniquement de la relier à Kénitra et a Casablanca. Cependant le « Trik Sultan » qui, partant de Salé, tra-

versait le Maroc Occidental en passant par Tiflet, Meknès et Fez et le
reliait à l'Algérie par le couloir de Taza et la vallée de la Moulouya.
avait été de tout temps, la voie des nations et des échanges. Cette
voie impériale justifiait son titre, par la sécurité et les facilités offertes ainsi que par les territoires opulents qu'elle desservait, notamment vers Tiflet, les Béni-Mtir, le Saïs et la vallée de l'Innaouen.
Son importance était écrite sur le sol en caractères impérissables
tels les caravansérails et les kasbahs échelonnés sur les points de passage les plus dangereux et les villes mêmes comme Meknès, ultime
capitale des derniers Sultans conquérants.

Une autre raison qui n'a nullement perdu de sa valeur, militait
encore en faveur de ce « Trik Sultan » la distance Salé-Meknès
offrait en empruntant cette voie une différence de longueur de 30 à
40 kilomètres par rapport aux pistes du Nord de la Mamora, de
sureté moindre d'ailleurs, et zigzagant en des terrains exceptionnellement sableux ou marécageux sur une notable partie de leur développement.

Pour revenir à ce programme de 1913, la population de Rabat-
Salé tant indigène qu'européenne protesta, aussitôt, contre l'erreur
manifeste dont elle était victime et finit par obtenir sur l'emprunt de
1916 la route n° 14 de Salé à Meknès par Tiflet actuellement achevée,
et qui développe environ 135 kilomètres de longueur, y compris un
tronçon de 8 à 9 kilomètres emprunté à la route n° 2 de Kénitra à
Meknès par le Nord de la Mamora.

Malheureusement la route de Tiflet, aux abords de la traversée de
l'Oued-Beht, abuse de rampes, pentes et courbes excessivement
dures, de telle sorte que le trafic par camions-autos ou par charrettes
sera soumis à des sujétions extraordinaires ; il est à prévoir que
certaines améliorations du tracé s'imposeront avant peu, car cette
route est parfaite, en plan et en profil, sur le restant de son tracé.

Ce tracé se développe au Sud de la Forêt de Mamora où se trouvent les peuplements de chênes-lièges les plus denses du Maroc ; il
traverse des sables pliocènes jusqu'un peu au-delà de Monod, dans
lesquels un certain nombre de colons français se sont implantés et
se prolonge ensuite par Tiflet, Khémisset, Bataille et Aïn Lorma
jusqu'à la route n° 2. Chez les indigènes toutes ces régions jouissent
d'une réputation de fertilité non usurpée ; sauf quelques points, de
nature légèrement sableuse, on ne rencontre le long du tracé que des
terres noires ou rouges d'une valeur culturale équivalente à celle
des *tirs* et *hamris* des Zaërs ou de la Chaouïa. Au surplus, un peu au

Sud s'étalent les grasses régions de N'kreila, Maaziz, Tedders, naguère insoumises. Des centres de colonisation peuvent parfaitement réussir à Monod, Tiflet, Khémisset, Dar Oum, Soltan du Beht, Aïn Lorma etc... avec chacun quelques satellites autour, hameaux et fermes de grande colonisation. Une deuxième route de pénétration aussi indispensable que la précédente est celle qui partant de Rabat, se dirige sur Kasbah-Tadla par Marchand, Christian et l'Oued Zem. Réclamée par le comité d'Études Économiques et la Chambre de Commerce et accordée depuis trois ans sous le n° 201 elle n'atteint pas encore N'kreila situé seulement à 30 kilomètres de Rabat. Cependant son utilité est incontestable tant au point de vue des transports militaires qu'à celui de la colonisation ; elle avoisine ou traverse la zone des *tirs* ainsi que l'ellipse granitique du pays Zaër, si favorable à la culture ainsi qu'à l'élève du bétail. Ce pays Zaër constitue une très riche zone de colonisation, son pourtour Nord est déjà entamé vers N'kreila et l'Oued Yquem, par les établissements français dont le nombre tend à augmenter autour de cette grande artère de l'Hinterland de Rabat.

Depuis la fin de 1917, l'administration militaire travaille à la construction de la grande transversale Meknès, Timhadit, la Moulouya, qui coupe en deux le Moyen-Atlas ainsi que le bloc des Berbères dissidents. Cette route se prolongera à travers le Haut-Atlas par Rich et Gourama puis sur Bou-Denib et Colomb-Béchar ; en attendant l'achèvement du chemin de fer à voie de 1.00 de Meknès à Azrou, elle aidera à l'installation de la colonisation française dans la belle et vaste plaine qui s'étale au sud de Meknès jusqu'aux falaises calcaires d'El Hajeb. Au delà de ce dernier point, la route hardiment tracée en plein pays dissident est gardée par des postes perdus au cœur de l'Atlas et isolés du restant du monde civilisé pendant toute la saison des neiges. Tel d'entr'eux, Bekrit, bâti à la côte 2.200 se trouve soumis à toutes les rigueurs d'un climat sibérien. Tous, sans exception, ont à s'adapter à un milieu de températures extrêmes, froides l'hiver, torrides l'été. Rien n'égale l'étonnement de nos troupiers, rencontrant dans les sous-bois de cette région des violettes sauvages, des fraises, des framboises, sur les arbres, des écureuils et, dans les eaux bouillonnantes des hautes rivières, des truites. En certains points la route traverse des terrains volcaniques, des coulées de lave figées ; elle contourne quelquefois des cratères éteints ou des étangs, des Aguelman aux eaux claires et glacées. Le tout rappelle à nos montagnards soldats, les Alpes, les Pyrénées, la Patrie lointaine, à cela près cependant, que le cornet à bouquins ou la flûte des bergers, font place, ici à un Mauser, un Lebel ou un Gras qui guettent sans trêve l'imprudent attardé.

Cette route de la Moulouya constitue l'axe transversal du Maroc. Il se créera là fatalement des centres de grand négoce : Midelt sur la Moulouya rayonnant à l'amont jusqu'aux sources mêmes du fleuve et à l'aval le long de la vallée jusqu'à Tougour où Tissaf ; Rich qui commande le passage du Haut-Atlas : le Tizi N'Telghemt (col de la Chamelle), sur le haut Oued Ziz, ce Nil en miniature du Tafilelt ; Gourama sur le haut Oued Guir, rivière de Bou-Denib et pays par excellence du mouton.

De Bou-Denib à Colomb Béchar et à Igli, on peut prévoir la constitution prochaine d'une *Province du Guir*. Il suffirait de la construction de quatre Barrages Réservoirs à Tazzouguert, Bou-Anane, Djorf, Torba et Igli, retenant ensemble 250 millions de mètres cubes d'eau — moins de la 20ᵉ partie des chutes annuelles du haut-bassin du Guir qui possède des sommets dépassant la cote 2500. Ces quatre barrages, capables de fertiliser, en bordure de l'Oued-Guir 170.000 hectares de terres, assureraient toutes les récoltes européennes, sahariennes et même inter-tropicales de cette région : notamment 50.000 hectares *de coton*, à la fourche du Guir et de la Zousfana, jusqu'à Igli et Beni-Abbès. Au surplus, l'existence et l'exploitation, déjà en cours, mais modérément, de la mine de charbon de Colomb-Béchar entraînera fatalement la construction d'une voie ferrée Meknès-Aïn-Leuh, Tizi n'Talremt, Bou-Denib, Colomb-Béchar pour l'alimentation en combustible des Réseaux Marocains. Les produits de la *Province du Guir* auront ainsi toutes les facilités pour leur évacuation.

A noter que le centre extrême d'Igli se trouverait de cette manière à 810 kilomètres de Rabat ou à 920 kilomètres d'Arzew. A noter également que toutes les sections du chemin de fer Rabat-Tiflet-la Moulouya, Bou-Denib, Colomb-Béchar seraient assurées d'une recette kilométrique *à bénéfices*, tandis que la voie ferrée d'Arzew à Colomb-Béchar est *à recettes déficitaires* dans la proportion de 600 kilomètres sur 900.

Pour les échanges, ces centres ne peuvent s'adresser ailleurs qu'à Meknès, partant à Rabat-Salé qui demeure donc l'*emporium*, l'échelle obligée de cette vieille métropole commerciale de tous les Berbères du Moyen-Atlas, du Haut-Atlas Oriental et du Sahara.

Deux autres voies principales sont à prévoir dans l'Hinterland :

d'abord celle de Tiflet-Maaziz-Tedders-Aguelmous-Khénifra qui est la route du Bou-Regreg et des Zemmours ; puis l'extrémité orientale de la grande voie qui longera le pied de l'Atlas d'Est en Ouest, par Aïn Leuh, Khénifra, Kasbah Tadla, Bzou, Marrakech, etc... Les temps ne sont pas bien éloignés où plusieurs caravanes annuelles partaient de Marrakech à destination de Rabat et empruntaient une partie de ce trajet.

Telles sont les routes principales nécessaires au développement de l'arrière-pays de Rabat ; nous exprimerons deux souhaits à leur égard : d'abord l'exécution à bref délai de la route de Tadla et de la route du Bou-Regreg ou des Zemmour ; ensuite leur exécution de telle manière que l'accotement puisse recevoir une voie ferrée. Ce dernier vœu a été formulé à diverses reprises par les assemblées économiques de Rabat, sans grand résultat jusqu'ici.

Si, d'après certains auteurs, la route empierrée est un grand luxe des pays de vieille civilisation, il n'en est pas moins vrai qu'elle a considérablement participé dans toute l'Afrique du Nord non seulement au maintien de notre domination mais aussi aux progrès de la colonisation. Elle a tout au moins permis d'attendre la construction des voies ferrées principales sans de trop dures souffrances, pour la multitude des petits colons installés en des régions souvent hostiles, toujours malveillantes. En Algérie, si l'on s'en tient aux résultats, on constate que le département le plus favorisé par la nature sinon le plus riche, par ses mines, ses forêts et ses plaines, Constantine, a un trafic inférieur, de beaucoup, au département d'Alger ou à l'Oranie. Cela tient à ce qu'une infinité de centres de colonisation constantinois furent mal desservis ou pas du tout, jusqu'à une époque assez rapprochée de nous. Au Maroc la solution moyenne consistera, sans nul doute, à installer en route-railway chacune des voies de pénétration perpendiculaires au grand tronc Oudjda, Fez, Meknès, Rabat, avec le minimum de sections de voie ferrée à travers champs. L'économie qui en résulterait porterait sur l'établissement de la plateforme de la voie et sur le transport des matériaux de la route ; aux prix actuels, cette économie ne serait nulle part inférieure à 45.000 francs par kilomètre de route-railway.

Chemins de fer

Suivant les stipulations de l'accord Franco-Allemand du 4 novembre 1911 (affaire d'Agadir) la ligne Tanger-Fez devait être construite *en priorité* sur toutes les autres lignes du Maroc.

La concession de la construction et de l'exploitation de cette ligne, pendant 85 ans a été accordée le 18 mars 1914, à *la Compagnie Générale du Maroc* et conjointement à *la Compagnie Générale Espagnole*, qui se sont substitué la *Compagnie Franco-Espagnole du Chemin de fer de Tanger à Fez*, dont le siège social est à Meknès.

La ligne prévue est à la voie de 1 m 44 et développe 310 kilomètres dont 204 kilomètres en zone française, 91 kilomètres en zone espagnole et 15 kilomètres dans la zone de Tanger.

Tous les lots de la zone française sont adjugés et en voie d'exécution ainsi que quelques lots de la zone espagnole

La ligne passe par Arbaoua, Souk El Arba du Gharb, Mechra Bel Ksiri, Petitjean et Meknès pour aboutir à Fez. L'unique section qui intéresse l'Hinterland de Rabat est celle de Meknès à Fez, d'une soixantaine de kilomètres de longueur.

Le taux d'intérêt fixé par la concession était originairement de 5 °/₀ ; mais par convention du 3 février 1916 et pour les travaux de premier établissement ou complémentaires en zone française, le taux a été porté à 6 °/₀. En échange de cette augmentation, les actionnaires français ont reconnu au Gouvernement Chérifien la faculté d'acquérir à tout moment et au bout de la huitième année d'exploitation de la *ligne entière*, la totalité des actions françaises. Une convention analogue a été conclue pour la part espagnole du capital. L'État garantit aux actionnaires le service des intérêts.

Dès que la concession de Tanger-Fez fut accordée, le Protectorat se préoccupa des futures lignes de la zone française. Un consortium composé de la *Compagnie Générale du Maroc*, de la *Compagnie P. L. M.* et de la *Compagnie d'Orléans*, accepta de participer aux études, puis un projet de concession fut élaboré en faveur de ce Consortium pour la construction et l'exploitation d'un réseau ferré à la voie de 1 m 44, comprenant les lignes suivantes :

Petitjean - Kénitra.	85 kilomètres.
Kénitra-Rabat-Casablanca.	145 —
Kénitra-Souk-El-Arba du Gharb. . .	80 —
Casablanca-Settat-Marrakech. . .	240 —
Fez-Taza-Oudjda-Frontière Algérienne.	320 —
Total :	870 kilomètres.

Les clauses essentielles du projet de concession étaient les suivantes :

1° Le concessionnaire restait chargé de la construction et de l'exploitation des lignes ;

2° Les dépenses de premier établissement étaient supportées à raison de 20 °/₀ par le concesssionnaire et *80 °/₀ par l'Etat Chérifien* ;

3° Le Gouvernement Chérifien devait prendre à sa charge *une somme de 40 millions*, par suite du coût plus élevé de la section Fez-Oudjda.

4° Un intérêt de 6 °/₀ était assuré *aux actions* pendant la période de construction et les cinq premières années d'exploitation, à l'aide d'un *prélèvement sur le compte de premier établissement* ; pendant les 20 années suivantes par une avance du Gouvernement français, puis par la Compagnie elle-même.

5° Partage des bénéfices suivant certaines modalités et rachat éventuel des lignes à partir de la 20ᵉ année de garantie.

Un projet de loi portant approbation de la Convention a été déposé à la Chambre des Députés le 22 mai 1917. La Chambre a ajourné sa décision jusqu'en août 1920. A cette dernière époque le projet de concession fut voté, sensiblement avec les mêmes modalités, à cela près, cependant, que les dépenses de construction prévues à 300 millions en 1917, passent en 1920 à plus de 900 millions.

La Chambre de Commerce de Rabat a le devoir de faire observer que :

a) Les futurs usagers du chemin de fer, c'est-à-dire la population toute entière, n'ont été consultés ni sur les tracés adoptés, ni sur les tarifs qui grèveront les marchandises et les voyageurs.

b) Bien que participant aux dépenses de premier établissement dans la proportion des 4/5 et garantissant l'intérêt du capital-actions il est à craindre que l'État ne soit plus le maître de la tarification, et qu'au surplus, il ait à vaincre l'opposition déclarée ou occulte des Compagnies pour l'établissement de son réseau secondaire.

c) Les voies ferrées, telles qu'elles sont prévues ne respectent pas partout et à égalité de dépenses, le principe de la moindre distance. C'est ainsi que les produits débarqués à Rabat parcourront 35 kilomètres de plus pour se rendre à Meknès, étant donné que le tracé par le Sud de la Mamora et Tiflet n'aurait développé que 140 kilomètres contre les 175 kilomètres du projet de l'Etat passant par le Nord de la Mamora et Petitjean.

d) Le tracé Nord de la Mamora, adopté par le Gouvernement traverse sur un parcours de 80 kilomètres des terrains pauvres, savoir :

65 kilomètres de sables purs entre Kénitra et Sidi Sliman, plus 15 kilomètres de forêts clairsemées entre Kénitra et Rabat. Au Nord de ces sables, la grande Merdja (grand marais) des Béni-Hassen, défie toute espèce de colonisation sans d'énormes dépenses ; au Sud, la forêt de Mamora étale ses peuplements les plus maigres en chênes-lièges tandis qu'à l'Ouest et à peu de distance de cette maigre forêt, gronde l'Océan Atlantique. En conséquence, la force d'appel de ces 80 kilomètres de la voie préconisée par le Gouvernement, agit uniquement sur une étroite bande de sable ; c'est-à-dire que près de la moitié de la ligne Kénitra-Meknès, 80 kilomètres sur 175 kilomètres, produira une recette kilométrique insignifiante, chargeant ainsi, à mort, les bonnes sections de la ligne.

e) Le tracé logique, et d'ailleurs fatal, entre Rabat-Salé et Meknès est jalonné sur le terrain dans ses grandes lignes par le « Trik Sultan » dont il a été parlé au sujet des routes. S'il présente quelques parties sablonneuses, où se sont d'ailleurs installés un certain nombre de colons, en revanche la forêt de Mamora, avec ses peuplements les plus denses ainsi que les terrains de colonisation des Zemmour, des Iguerouan au Sud et de la banlieue de Meknès se trouvent parfaitement desservis.

f) Le tracé Nord de la Mamora, adopté par le Gouvernement, n'est nullement en opposition avec la création du Réseau d'Intérêt local de Rabat-Salé ; ce réseau affecterait très favorablement les contrées arrosées par le Bou-Regreg et le Grou qui pointent sur le Moyen-Atlas des Zaïan. Dans la négative, ces contrées, les plus riches du Maroc Occidental, verraient ainsi leur éveil économique infiniment retardé, sinon compromis définitivement.

g) En ce qui concerne le trafic général entre les deux Maroc occidental et oriental, il y a lieu de se préoccuper de la menace constituée par le port espagnol de Mélilla contre le commerce français.

On sait en effet, que la côte Orientale du Maroc français toute entière comprise entre les embouchures de la Moulouya et de l'Oued Kiss (Algérie) s'oppose, en vertu de contingences inéluctables, à l'installation d'un port. Les cartes figurent bien Saïdia sur cette côte, mais ce n'est qu'une Kasbah et une plage. Les alluvions de la Moulouya *engraissent* le rivage jusqu'à Port-Say, ville extrême d'Algérie et interdisent toute espèce d'établissement maritime.

L'Espagne dispose d'un chemin de fer à la voie de 1 mètre de Mélilla à Selouane, prolongé jusque sur la Moulouya, qui fait frontière commune, par une route empierrée à laquelle succède bientôt

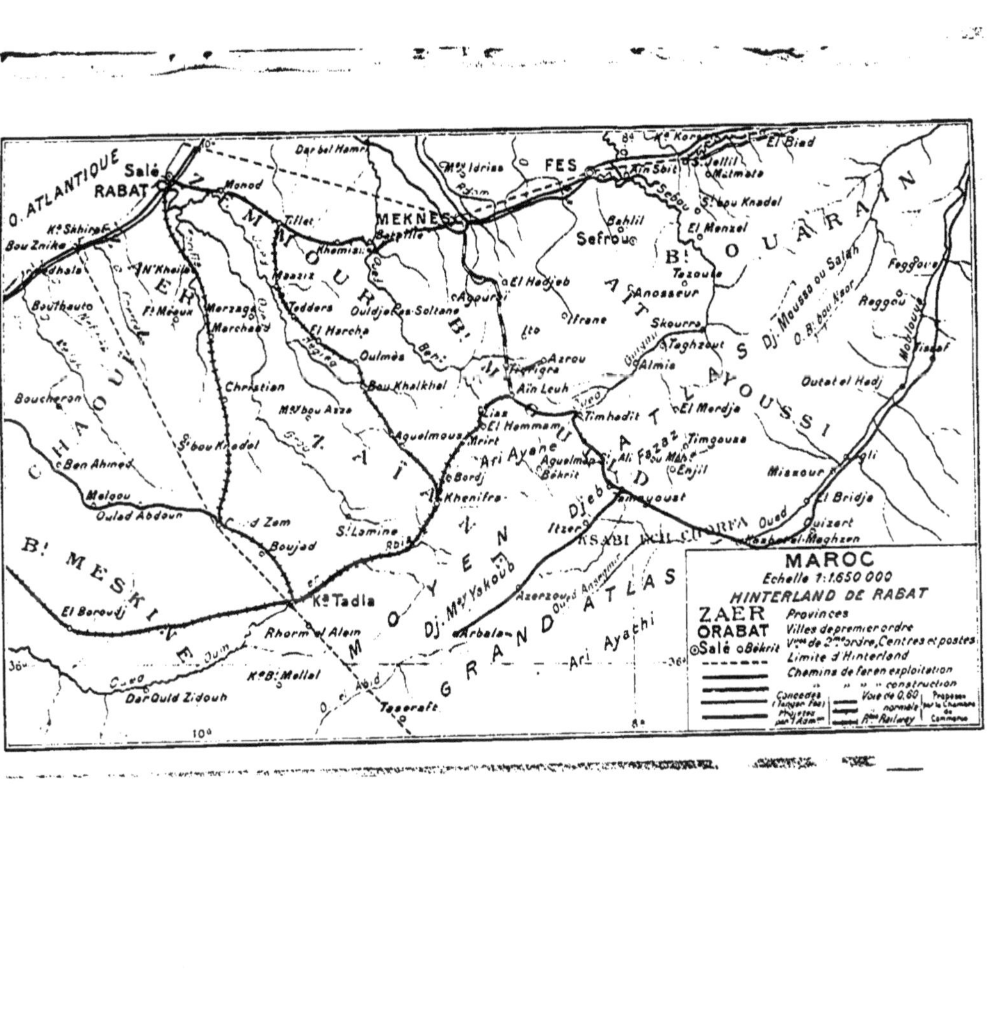

MAROC
Echelle 1:1.650 000
HINTERLAND DE RABAT
ZAER Provinces
ORABAT Villes de premier ordre
Salé Békrit V⁰ de 2ᵐᵉ ordre, Centres et postes
Limite d'Hinterland
Chemins de fer en exploitation
" " " construction
Concédés (Tanger Fez)
Projetés par l'Adm⁰
Voie de 0.60
normale
R⁰ Railway
Proposés par la Chambre de Commerce
O. ATLANTIQUE
Salé
RABAT
Monod
K⁰ Shhira E.
Bou Znika
In'dhala
IN'Kheila
Bouthauto
F⁰ Méaux
Boucheron
S⁰ bou Knadel
Ben Ahmed
B⁰ MESKIL E.
Malcou
Ouled Abdoun
El Boroudj
Dar Ould Zidouh
K⁰ B⁰ Mellal
Taseraft
Rhorm el Alem
K⁰ Tadla
Boujad
S⁰ Lamine
Rbia
C⁰ d Zem
Khenifra
Bordj
Ari Ayane
Mrirt
Aguelmous
M⁰ bou Azza
Bou Khalkhel
Christian
Oulmès
El Harcha
Tedders
Merchaed
Merzaga
Maaziz
Khemis
Tiflet
Ouldje Res-Soltane
Agouri
El Hadjeb
Ito
Ifrane
Azrou
Aïn Leuh
Timhedit
El Hemmam
Aguelmap
Békrit
Ti Fi Igra
Djeb
Itzer
KSABI BEL CH.ORFA
Azerzou
Oued Anonyme
Dj. M⁰ Yakoub
Arbala
Ari Ayachi
GRAND ATLAS
MOYEN
ATLAS
Tamayoust
Sidi Ali Fazaz M⁰h⁰
Enjil
Timgousa
Missour
Oli
El Bridje
Ouizert
Ksaba el Maghzen
Oued
CH.ORFA
El Merdja
Almis
Taghzout
Skourra
Anosseur
Tazouta
El Menzel
Sefrou
Bahlil
B⁰
AIT LAYOUSSI
AIT ATLAS
Djebel Moussa ou Salah
O. B⁰ bou Ksar
Feggou
Reggou
Tissaf
Outat el Hedj
FES
Moy Idriss
MEKNES
Batatille
Ain Sbit
Jellil
Matmata
S⁰ bou Knadel
K⁰ Korn
El Biad
B⁰ OUARAIN
CHAOUIA
ZEMMOUR
B⁰
MOYEN
Dar bel Hamr
10°

une piste aménagée. Du côté français, on a ouvert une route entre Oudjda et Berkane ; il suffit de la pousser jusqu'à la Moulouya puis de construire un *Pont International* pour que du coup, toutes les régions d'Oudjda, du Charef, de la Moyenne Moulouya et même de Taza expédient leurs produits à Mélilla.

D'autre part, l'Espagne étudie deux projets consistant à embrancher à Taourirt et à Taza sur le réseau Français des voies ferrées rayonnant de Mélilla. Si ces projets venaient à se réaliser l'emprise du port espagnol se répercuterait jusque non loin de Fez.

L'augmentation de trajet de 40 kilomètres provoqué par le tracé Nord de la Mamora, avance d'autant vers l'Ouest, vers Fez, l'hinterland de Mélilla, en outre par la voie ferrée aboutissant à Taourirt et à Taza, *toutes les influences étrangères* auraient beau jeu auprès des belliqueux Riata, Béni Ouaraïn, Tsoul, Branes, etc... On peut évaluer ce que cela représenterait d'insécurité, de colonnes mobiles, d'ennuis de toute sorte et hélas de pertes.

Pour conclure, la voie ferrée Rabat-Salé-Tiflet-Meknès est aussi immédiatement indispensable que le tracé Nord de la Mamora.

Dans son ouvrage, *Les Chemins de fer Coloniaux français*, M. Godfernaux écrit :

« La condition même du commerce, c'est la possibilité de déplacer le produit, de le conduire en un point où il trouvera un débouché, et de l'y conduire à peu de frais.

« La question des voies de communication intérieures prime toutes les autres en matière de colonisation. De la façon dont elle aura été envisagée dès le début, dépend le succès de la mise en valeur d'une colonie ; les moindres retards apportés à sa solution entraînent des retards correspondants dans les progrès de la colonisation. Faute du débouché que crée la voie de communication, l'agriculture et l'industrie ne peuvent *ni se développer ni même prendre naissance*, le peuplement ne peut prendre aucune extension ; quelles que soient les richesses naturelles du pays, elles restent inexploitées.

« Tout le bassin du Congo, a pu dire Stanley, sans un chemin de fer, ne vaut pas un shelling.

« Ce serait une grave erreur aux colonies que d'attendre la création d'activité industrielle ou commerciale, pour déterminer ensuite, d'après leur position géographique, le tracé de la ligne de chemin de fer à établir. Les Américains, dans la construction des chemins de fer de pénétration du Far-West, ne se sont pas préoccupés de la fondation des villes. La ligne établie, elle exerce une puissante attraction sur la population ; autour des stations, se forment les villages et s'ouvrent les marchés. D'ailleurs, il ne faut pas avoir ce qu'on a appelé « la superstition du rail » et croire qu'il suffira de créer un chemin de fer dans une région deshéritée pour qu'instantanément celle-ci se transforme en un pays riche et peuplé. La colonisation est une œuvre de longue haleine, elle exige parfois une grande patience.

« Il importe, d'ailleurs, que les chemins de fer coloniaux soient construits avec l'économie la plus stricte. Il faut éviter en effet de grever l'exploitation future qui, dans les débuts surtout, peut n'être que peu rémunératrice, de charges excessives ; d'autre part, le crédit des colonies même appuyé sur celui de l'Etat, ne peut leur permettre des emprunts trop élevés et doit être ménagé. Il faut se garder, écrivait M. l'Inspecteur Général Cheysson, de transporter de toutes pièces aux colonies l'ensemble des méthodes, des formules appliquées en Europe, ce qui enflerait les dépenses et pourrait retarder les travaux. Il faut courir au plus pressé, épouser le sol au lieu de le violenter, en un mot, se contenter de solutions de fortune, sauf à les rectifier par des améliorations successives au fur et à mesure du développement du trafic. »

Nous ne commenterons pas cette thèse de M. Godfernaux, qui est d'ailleurs celle de tous les constructeurs et de tous les économistes coloniaux.

Elle résume tous nos arguments en faveur de la ligne Salé, Tiflet, Meknès, à construire *sans le moindre retard*, génératrice de tarifs de transport *peu élevés* et de recettes kilométriques *sans déficit*.

Des controverses nombreuses se sont élevées dans tous les pays du monde, au sujet de l'écartement des rails, les uns sont partisans de la *voie large* de 1ᵐ 44, les autres préconisent la *voie étroite*, si on considère que la flexibilité du tracé, les réductions de la plateforme, des emprises, des longueurs d'ouvrages, des rails, des traverses et du ballast, ainsi que la moindre étendue des gares et les dimensions plus modestes du matériel roulant donnent lieu à une économie considérable allant souvent jusqu'à 50 %, des dépenses de premier établissement de la *voie large*; si d'autre part, on admet avec M. Sevens, professeur à l'Ecole des Ponts et Chaussées, et avec des spécialistes renommés, tels que MM. Orban, Martin, Foussel, Noblemaire, etc., que la *voie étroite* réduit *au moins de moitié* les frais d'exploitation du chemin de fer, on ne doit pas hésiter à adopter, pour toutes les lignes secondaires du Maroc, la voie de 1 mètre.

En ce qui concerne la grande longitudinale Oudja-Fès-Rabat-Casablanca-Marrakech, on a fait valoir non sans raison l'écartement à 1m 44 du tronçon déjà concédé de Fez à Meknès, puis l'inconvénient des transbordements à la frontière algérienne et enfin, gros argument, la nécessité de transporter d'Algérie au Maroc ou réciproquement les troupes et leurs impedimenta sans rompre charge. En ce qui concerne la voie étroite, quelques uns l'ont repoussée parce que de *capacité moindre* et, pour tout dire en un mot, parce qu'elle ne flattait pas leur manie de voir grand.

Les transbordements revenaient en France avant la guerre à 0,40 par tonne ; dans les gares bien installées, ils variaient de 0,10 à 0,15 et 0,20 selon les marchandises ; pour les houilles, le prix s'abaissait à 0,05 la tonne. Mais il y a lieu d'observer que le transbordement n'est rendu nécessaire que pour le trafic par *wagon complet*, c'est-à-dire pour la moitié des transports P. V. soit encore le 1/4 des recettes totales de G. V. et P. V. (Léon Leygue)

Les troupes à transporter de même que le matériel et les vivres à faire suivre, ne souffriraient guère d'un transbordement puisque le temps employé se compterait par minutes pour l'infanterie et par quelques heures pour le restant du convoi, à la condition d'avoir des gares et des quais bien installés.

La capacité de transport de la voie étroite est égale à 0,80 de la capacité de la *voie large* et les frais d'exploitation peuvent s'abaisser de 50 à 60 % (Fousset). On ne voit donc pas les raisons qui s'opposeraient à l'adoption de la voie de 1 mètre au Maroc pour le réseau secondaire.

Le Sfax-Gafsa (Tunisie) qui transporte 1.500.000 tonnes de phosphates annuellement est à la voie de 1 mètre. Le chemin de fer de l'Ouenza (Constantine) prévu pour le transport annuel de 3 millions de tonnes de minerais devait être installé avec double voie de 1 m.

D'ailleurs, les autres colonies Françaises, l'Algérie, la Tunisie, adoptent de plus en plus la voie étroite. En Norvège, Suède et Russie la voie étroite développe son double ruban d'acier sur des milliers de kilomètres ; dans l'Inde, le Mexique et le Brésil, elle égale ou dépasse en longueur, la voie large et dans les Etats Unis, plus de 8000 kilomètres sont en service.

L'utilité des voies ferrées-Salé-Tiflet-Meknès-Rabat-Christian-Oued Zem, avons-nous dit, est incontestable. On peut tout au plus leur opposer la dépense à engager. Ainsi on condamnerait le port de Rabat au plus profond marasme pour un temps indéfini ? Les pays Zaër, Zemmour, Iguerouan Béni-Mtir, d'une richesse indiscutable, continueraient donc à n'être qu'une *marche* bonne tout juste aux coups de mains et aux razzias ? Et d'autre part pour une somme d'une importance relativement réduite voudrait-on risquer, en faveur de Mélilla, notre légitime influence au Maroc Oriental et même au Tafilelt ?

Poser ces questions, c'est les résoudre.

La Chambre de Commerce de Rabat considère donc :

1° Que le système des *concessions* pour les voies ferrées du Maroc français doit sauvegarder les droits de l'Etat de manière à ce que ce dernier reste constamment le maître et de la tarification et de l'installation des réseaux secondaires.

2° Que toutes les lignes secondaires de chemins de fer pourraient être construites à la voie de 1 mètre, sauf cas spéciaux.

3° Que la ligne Rabat-Salé-Tiflet-Meknès doit être inscrite au programme avec le même ordre d'urgence que la ligne Kénitra-Rabat-Casablanca-Marrakech.

4° Que l'exploitation du réseau et notamment toutes les questions de tarification, devront être soumises au contrôle d'un *Comité consultatif* des Chemins de fer composé de fonctionnaires de l'Etat, de représentants, des Compagnies exploitantes, de membres des *Chambres de Commerce et d'Agriculture* et enfin de représentants *des Compagnies de Navigation et des Compagnies minières.*

Ces points étant fixés, examinons le programme à établir, relativement aux voies nécessaires à l'exploitation de l'Hinterland de Rabat-Salé et l'ordre d'urgence de leur construction.

Nous ferons d'abord observer que le *Comité National du Rail Africain*, qui comprend les plus hautes compétences du monde colonial Français s'est donné pour mission la construction de 30.000 kilomètres de voies ferrées africaines dans un délai de 15 ans soit 2.000 kilomètres par an.

L'attaque des travaux ne pourra avoir lieu évidemment qu'en de multiples points de l'empire colonial Français d'Afrique. C'est donc en de multiples points également que chacune des contrées qui composent cet empire colonial devra attaquer ses chemins de fer.

Les travaux de première urgence au Maroc se répartiront avant tout sur la grande longitudinale Oudjda, Fez, Rabat, Casablanca, Marrakech qui n'est autre que le prolongement du boulevard de notre puissance dans l'Afrique du Nord, le Tunis, Constantine, Alger, Oran, Oudjda. La ligne Souk El Arba Du Gharb-Kénitra qui forme trait d'union entre Tanger et la capitale de la zone française se classe également en première urgence.

Les sections naturelles de la grande longitudinale sont : Oudjda-Guercif, Guercif-Taza, Taza-Fez, Meknès-Rabat, Rabat-Casablanca, Casablanca-Ben Abou, Ben Abou-Marrakech. Soit sept sections qui demanderaient à être attaquées simultanément. La section Fez-Meknès étant en construction actuellement est ici volontairement omise. Mais certaines régions munies du chemin de fer militaire, telles que Oudjda-Guercif, Guercif-Taza et Ben Abou-Marrakech très faciles au point de vue exécution pourraient attendre un certain délai, par exemple le temps nécessaire pour relier Fez à Rabat et à Casablanca. Il y a également lieu de considérer que la partie la plus difficile de la ligne Fez-Taza, demandera des délais autrement importants que ceux des autres sections, le triple environ. En supposant l'attaque simultanée des sections Taza-Fez, Meknès-Rabat, Rabat-Casablanca, Casablanca-Ben Abbou et pour les trois dernières une vitesse d'exécution double de celle du Sfax-Gafsa, (250 kilomètres de voie du 1er juin 1897 au 31 décembre 1898, soit environ 14 kilomètres par mois.)

Le Meknès-Rabat (170 kilomètres) pourrait être construit en 15 mois.

Le Rabat-Casablanca (110 kilomètres) pourrait être construit en 10 ou 12 mois.

Le Casablanca-Ben Abbou (120 kilomètres) pourrait être construit en 15 ou 18 mois.

Et en doublant le délai pour Taza-Fez, on voit que la construction de ces sections prendra une cinquantaine de mois ; à moins qu'on n'utilise une certaine partie des terrassements et des ouvrages de la ligne militaire construite, dit-on, dans ce but.

De telle sorte que dans un délai maximum de *cinq ans*, la grande artère de l'Afrique du Nord pourrait être complètement achevée, et fonctionner de Tunis à Marrakech.

Les travaux se rapportant au réseau secondaire constitué, soit par des voies ordinaires, soit par des routes-railways dans l'Hinterland de Rabat-Salé sont :

1° La ligne Salé-Tiflet-Meknès d'une longueur de 140 kilomètres environ.

2° La ligne Rabat, Christian, Oued Zem, d'une longueur d'environ

150 kilomètres, et son prolongement jusqu'à Tadla de 45 kilomètres environ ; ensemble 195 kilomètres.

3° La ligne Tiflet, Tedders, Khénifra, de 150 kilomètres.

Ces deux dernières lignes, nous le savons, sont destinées à desservir les pays Zaër, Zemmour et partie des Zaïan, dont nous connaissons les richesses. Leurs tracés sont actuellement schématiques : des études plus sérieuses en fixeront, seules, leur position définitive.

4° La ligne Meknès-Azrou de 80 kilomètres environ, puis celle d'Azrou à Kasbah Tadla par le pied de l'Atlas, soit 200 kilomètres, que nous omettons dans l'évaluation ci-dessous, parce que d'urgence moins caractérisée.

Évaluation

Les dépenses kilométriques de 1ᵉʳ établissement, y compris matériel roulant et toutes installations, variaient avant la guerre pour six groupes de voies classées suivant les difficultés locales, entre 75.000 et 240.000 fr., cette dernière catégorie présentant des quantités heureusement peu élevées (Foussel), la moyenne serait celle fournie par les 3° et 4° groupes et égale à

$$\frac{135.000 + 105.000}{2} = 120.000 \text{ francs.}$$

Si l'on admet que les circonstances actuelles ont doublé le prix de la construction, et cette proportion est un peu exagérée au Maroc, où le prix de la main-d'œuvre est loin d'atteindre les prix d'Europe, le prix de revient du kilomètre de voie de 1 mètre atteindrait 240.000 francs soit 250.000 francs pour plus de sécurité, le réseau de l'Hinterland de Rabat chiffrerait donc sa dépense ainsi qu'il suit :

Ligne de Meknès, Tiflet, Rabat-Salé, 140 kilomètres à 250.000 fr. . . . . 35.000 000 fr.

Ligne de Rabat, Christian, Oued Zem, Kasbah Tadla . . . . 195 k.

Ligne de Tiflet, Tedders, Khénifra . . . . . . 150 k.

        Total..   345 k. à 250 000 fr. = 86.250 000 fr.

        Total ..   121 250.000 fr.

        Imprévus   3 750 000 fr.

      Total général...... 125 000 000 fr.

Nous ferons observer que pour ce total de 485 kilomètres de voies, les contrées mouvementées correspondent à peu de chose près aux terrains du Poitou, des collines de Normandie, de Bretagne et exceptionnellement du Morvan, etc...

Leur longueur s'évalue de la manière suivante :

Ligne de Meknès, Tiflet, Rabat	vers Aïn Lorma... 15 k. / traversée du Beht.. 20 » / vers Tiflet........ 10 » / à Salé... .... 5 »	50 kilom.
Ligne du Tadla	entre Rabat et Marchand.......... 40 » / autres points.. . . 30 »	70 kilom.
Ligne des Zemmour et des Zaïan (Bou-Regreg)	Les 2/3 du tracé.........	100 kilom.
	Total....	220 kilom.

Les autres 265 kilomètres se trouvent en plaine absolument plate dans laquelle la plateforme et les fossés s'obtiennent en remuant 4.000 ou 5.000 mètres^1 de terre au kilomètre et en établissant quelques dalots de temps en temps. Partout, le ballast se trouve sur place ou à peu de distance du tracé. Une plateforme ainsi constituée vaut au kilomètre . . . . 20 000 fr.
Le ballast en place. . . . . . vaut au kilomètre. 15 000 »
Les rails, éclisses, boulons, (moyenne) — 60.000 »
Traverses du pays. . . . . — 8 000 »
Constructions diverses. . . . — 12.000 »
Matériel roulant. . . . . . . — 25.000 »

Total : 140.000 »

Soit une économie, sur les prévisions d'au moins 100.000 fr. par kilomètre dont bénéficieront les parties de ligne un peu mouvementées, portant ainsi leur dépense kilométrique à 250.000 + 100.000 = 350.000 francs.

Ce dernier chiffre de dépense kilométrique de premier établissement de 360.000 francs correspond à plus du quadruple du prix du kilomètre de chemin de fer à voie étroite d'intérêt local français d'avant la guerre (75.800 francs en moyenne pour les lignes Lyon, Saint-Just-Vaugueray, Gray-Gy, Tramways de la Sarthe).

Chemin de fer militaire

Le Ministère de la Guerre français fait construire, depuis le commencement de l'occupation, un réseau de voies ferrées de 0.60 (type voies militaires). Ce réseau atteint actuellement plus de 800 kilomètres. La France fut amenée à prendre cette mesure, pour se conformer aux conventions internationales stipulant que la première ligne commerciale à construire au Maroc devait-être le Tanger-Fez, mais n'interdisant pas la construction de voies ferrées stratégiques.

Depuis janvier 1915 une partie de la *capacité* de transport de ces chemins de fer, est mise à la disposition du public pour les expéditions commerciales.

Le 27 mars 1916 un arrêté ouvrit le réseau militaire du Maroc Occidental à tout le trafic public, voyageurs, bagages et marchandises. Le chemin de fer fut alors doté d'un service d'exploitation technique et commerciale organisé suivant le modèle des Compagnies de chemins de fer français.

A partir du 1er avril 1917, il a été établi une tarification générale applicable aux réseaux Oriental et Occidental. Les marchandises sont classées en six séries ; la classification choisie est celle du Tanger-Fez qui *d'après l'Annuaire du Protectoral* sera vraisemblablement celle des autres chemins de fer marocains. Notre conviction à ce sujet, est que le Gouvernement agira sagement en consultant au préalable les Assemblées élues.

A la tarification générale viennent s'ajouter les tarifs spéciaux P. V. concernant, notamment le transport des animaux vivants ou celui des marchandises, par *wagons-complets*. C'est le fameux tarif d'Alsace-Lorraine, qui révolutionne les errements suivis jusqu'ici en matière de taxes de transport.

Le chemin de fer militaire n'est pas responsable des avaries, pertes et manquants ; mais il a été créé, le 1er février 1918 une caisse d'assurances mutuelles, en vue de garantir les usagers du chemin de fer contre les risques. Les usagers versent une prime égale à 1 °/₀ de la valeur déclarée de la marchandise et une commission spéciale répartit trimestriellement l'avoir de la caisse entre tous les ayant-droit, proportionnellement au préjudice subi.

Telles quelles, ces voies ferrées ont donné les résultats suivants pour l'année 1917 :

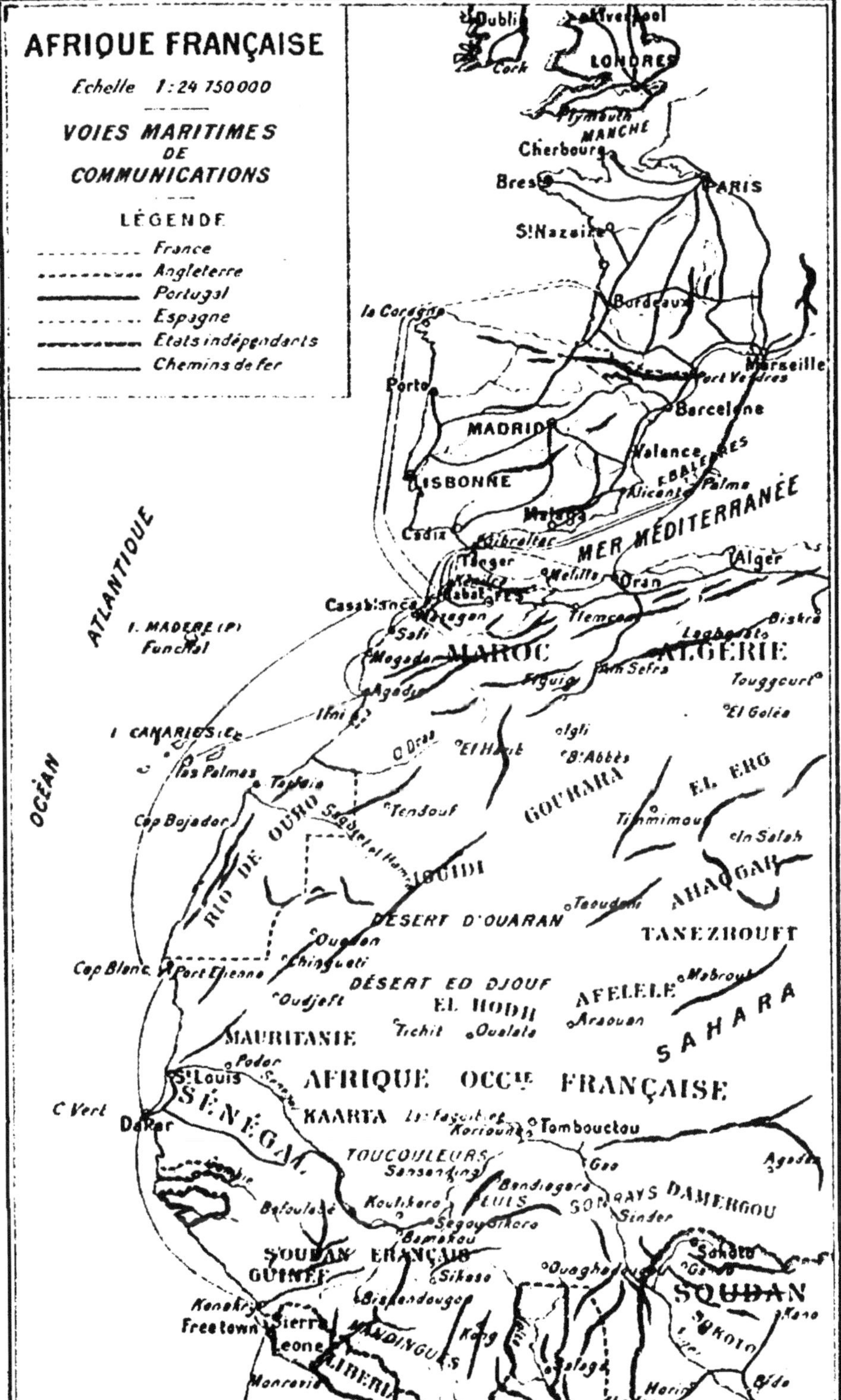

AFRIQUE FRANÇAISE
Echelle 1:24 750 000
VOIES MARITIMES
DE
COMMUNICATIONS
LÉGENDE
France
Angleterre
Portugal
Espagne
Etats indépendants
Chemins de fer
Dublin
Cork
Liverpool
LONDRES
Plymouth
MANCHE
Cherbourg
Brest
PARIS
St Nazaire
la Corogne
Bordeaux
Marseille
Porto
Port Vendres
MADRID
Barcelone
Valence
Alicante
Palma
I. BALEARES
LISBONNE
Malaga
Cadix
Gibraltar
MER MÉDITERRANÉE
Tanger
Alger
Kenitra
Melilla
Oran
Rabat
FES
Casablanca
Mazagan
Tlemcen
ATLANTIQUE
I. MADERE (P)
Funchal
Safi
Mogador
MAROC
ALGERIE
Figuig
Ain Sefra
Laghouat
Biskra
Agadir
Touggourt
Ifni
El Golea
O. Dra
El Hast
Igli
B. Abbès
OCÉAN
I. CANARIES (E)
GOURARA
EL ERG
las Palmas
Tarfaia
Tindouf
Timmimoun
In Salah
Cap Bojador
RIO DE OURO
Seguiet el Hamra
IGUIDI
AHAGGAR
DÉSERT D'OUARAN
Teoudeni
TANEZROUFT
Ouadan
Chingueti
Cap Blanc
Port Etienne
DÉSERT ED DJOUF
AFELELE
Mabrout
Oudjeft
EL HODH
Araouan
SAHARA
Tichit
Oualata
MAURITANIE
Podor
AFRIQUE OCC.le FRANÇAISE
St Louis
C Vert
SÉNÉGAL
KAARTA
Tombouctou
Dakar
Koriouné
TOUCOULEURS
Gao
Agadès
Sansanding
Bandiagara
PEULS
Koulikoro
SONRAYS
DAMERGOU
Bafoulabé
Sinder
Ségou
Bamakou
SOUDAN FRANÇAIS
Sokoto
GUINEE
Sikaso
Ouaghadou
Gao
Konakry
Bissandougou
SOUDAN
Freetown
Sierra
Kong
SOKOTO
Leone
MANDINGUES
LIBERIA
Monrovia

Trafic de la guerre (transports gratuits)

Voyageurs, 148.281 avec un parcours de 22.308.424 kilomètres soit 150 kil. par voyageur.

Tonnage kilométrique 9.918.107 tonnes k. m. auxquelles il convient d'ajouter environ 3.600.000 tonnes k. q. pour les besoins propres du chemin de fer.

Trafic commercial

Pour un réseau de 622 kilomètres en exploitation :

La recette totale a été de 4.296.370 francs soit une recette kilométrique de 6.899 francs.

Nombre de voyageurs : 205.699, avec parcours moyen de 70 kilomètres 4.

Tonnage kilométrique : 6.439.118 t., avec parcours moyen de 148 kilomètres.

Tarif kilométrique moyen de 0.393 par tonne.

Mais si l'on tient compte du fait que ces recettes proviennent presque exclusivement de l'exploitation de la ligne Casablanca-Rabat-Fez d'une longueur de 330 kilomètres, on trouve que la recette brute kilométrique a été en 1917 de 13.019 francs.

Au point de vue du trafic commercial, il est intéressant de rapprocher le mouvement des principales gares du réseau Occidental pour les marchandises P. V. (guerre et commerce).

Casablanca	13.632 tonnes
Rabat-Salé (ensemble). . .	24.004 —
Kénitra	14.845 —
Meknès	9.532 —
Fez	12.936 —
Total. .	74.949 tonnes

Le trafic de l'agglomération Rabat-Salé représente 32 °/₀ du trafic total des cinq villes principales, 176 °/₀ du trafic de Casablanca et 162 °/₀ du trafic de Kénitra.

Le trafic des trois villes du même Hinterland Rabat-Salé-Meknès et Fez de 46.472 tonnes est égal à 62 °/₀ du trafic total ci-dessus.

Tous ces chiffres justifient au-delà de ce que nous pouvions l'espérer, l'importance commerciale de l'Hinterland de Rabat-Salé égale aux 3/5 du trafic du Maroc Occidental par chemin de fer ; ils indiquent aussi que le mouvement propre de Rabat-Salé, abstraction faite de Meknès et de Fez, est encore égal au 1/3 du trafic général. Les expéditions par chemin de fer atteignirent en décembre 1917 :

Par la gare de Rabat	230 tonnes
— de Salé.	2.000 —
Total. . . .	2.230 tonnes

Et les arrivages furent de :

Par la gare de Rabat . . .	900 tonnes
. . de Salé	500 —
Total. . .	1.400 tonnes

Soit 830 tonnes mensuelles de différence en faveur des expéditions. Ce chiffre indique également ce que deviendrait l'importance du trafic si l'Hinterland, qui n'a ni routes, ni chemins de fer, était desservi convenablement. Il y a lieu d'observer, en effet, que le trafic par voie ferrée concerne plus particulièrement la population citadine des deux capitales Meknès et Fez.

Le chemin de fer à la voie de 0,60 constitue une solution provisoire du problème des transports. Si les frais de premier établissement sont faibles, 80.000 à 100.000 francs le kilomètre, aux prix actuels, y compris matériel roulant, en revanche sa capacité de transport est insuffisante. Cependant sa souplesse, sa facilité de pose, son faible prix de revient relatif, en font un instrument de premier ordre pour la pénétration et l'exploitation des contrées pauvres de même que pour la mise en valeur des régions montagneuses et forestières. C'est ainsi que toute la vallée de la Moulouya, sans exception, devrait être remontée par une voie de 0,60 jusqu'à Arbala, au cœur même du pays dissident ; cette voie d'ailleurs est construite de Guercif jusqu'à Méhéridja. De même, la grande transversale qui coupe le Moyen-Atlas et le Haut-Atlas, devrait avoir à défaut d'une voie de 1 mètre, sa voie de 0,60 prolongée à partir d'Azrou jusqu'à Bou-Denib et même Colomb-Béchar. Les difficultés opposées par la traversée des montagnes ne sont pas insurmontables ; elles sont d'ailleurs fortement compensées par l'existence sur place des matériaux de construction, chaux, moëllons, ballast, etc., etc., même des traverses à extraire des massifs de cèdres ou de chênes-zéen rencontrés par le tracé. Les ouvrages d'art pourraient également utiliser tant pour les palées que pour les poutres et le

tablier, du bois de cèdre *impulrescible* et de dimensions gigantesques,
le cas échéant, permettant à peu près toutes les portées usuelles.

Le jour où ces deux voies de o^m 60 seront construites, la pacification du bloc berbère, actuellement dissident, sera un fait accompli.

Lignes de navigation

La guerre sous-marine, puis l'ensablement du chenal de la barre
ont détourné du port de Rabat-Salé la plupart des compagnies de
navigation. Si ce port a vu en 1912-1913 jusqu'à 14 ou 15 navires à
vapeur, la plupart de 1200 à 1500 tonnes, opérant journellement à
l'*intérieur* de l'estuaire, actuellement, cet estuaire est complètement
déserté et les quelques navires qui touchent habituellement à Rabat
obligés d'opérer en rade, très onéreusement, s'abstiennent de plus en
plus.

Mais dès que les travaux d'établissement des jetées et de creuse-
ment de la barre seront achevés, c'est-à-dire dans deux ans environ,
il est à présumer que le mouvement commercial de 1913 reprendra
avec plus de force.

Les principales compagnies qui assuraient avant la guerre les
relations maritimes entre Rabat et les autres pays étaient les suivantes :

La Compagnie Générale Transatlantique.

La Compagnie de Navigation Paquet.

La Compagnie Mazella et Cie.

La Compagnie anglaise *Bland Line.*

La Compagnie espagnole *Correos de Africa.*

Ne font escale à Rabat que les navires de la *Compagnie Paquet* et
de la *Société Mazella.*

Mais depuis quelque temps les bateaux de la *Flotte Chérifienne*,
constituée depuis 1917, et navigant sous pavillon marocain, viennent
opérer en rade de Rabat.

La future situation du trafic maritime marocain mérite de retenir
l'attention ; la pénurie du fret qui se prolongera durant un certain
nombre d'années, les *taxes à l'exportation*, les *taxes d'aconage*, les
péages aux concessionnaires des ports et les droits de toute sorte
grèvent la marchandise de très lourdes charges Les *taxes d'aconage*,
les *péages* et *les droits* restent intangibles, du moins pendant la
période initiale d'exploitation des ports. Les dégrèvements à réaliser

portent donc sur les *prix des frets* et sur *les taxes à l'exportation* On arrivera certainement à supp. imer à peu près complètement ces dernières. Restent les prix des frets.

Il est incontestable que ces prix très élevés représentent actuellement des bénéfices disproportionnés avec les services rendus et chargeant d'autant la marchandise.

Ce principal inconvénient disparaîtrait en partie si nous possédions un « régulateur » c'est-à-dire une *flotte* commerciale, a attaches fixes, desservant des lignes de navigation déterminées et composées d'unités portant en lourd 2.500 à 3.000 tonnes.

Un autre grave inconvénient est celui qui résulte de l'emploi de nombreux intermédiaires, courtiers, transitaires, entrepositaires, qui opèrent la liaison au départ et à l'arrivée entre les chemins de fer et les navires.

Nos voisins d'Algérie, qui réclament la constitution des lignes de navigation étroitement rattachées aux Compagnies de chemins de fer l'ont bien compris. Ils émettent la prétention d'expédier leurs produits d'un point quelconque du réseau ferré d'Algérie à un autre point quelconque des réseaux ferrés français, sans en passer par les intermédiaires et réciproquement ; on conçoit combien cette disposition offrirait d'avantages.

Au Maroc, une flotte nationale s'impose, puisque, si l'on adopte le point de vue Algérien, le navire devient la simple prolongation du chemin de fer, à travers les mers. Mais de même qu'un Comité des chemins de fer est nécessaire à leur exploitation un Comité de la flotte Nationale, composé d'une manière sensiblement analogue, s'impose également.

La coordination des volontés par la création de ces deux comités, assurerait efficacement, la réussite de tous nos efforts au Maroc et la résultante à laquelle tendent d'ailleurs toutes les nations, en serait *l'unification des tarifs terrestres ou maritimes*, hors de laquelle, c'est le désordre, le chaos.

La constitution de cette flotte nationale Marocaine devrait pouvoir se faire avec le concours de : *l'État, les Sociétés concessionnaires des voies ferrées, les Sociétés minières* et *le Public*. Rabat-Salé peut ambitionner le rôle de port d'attache de cette flotte, en vertu de sa position centrale et des facilités offertes par l'estuaire du Bou-Regreg, pour l'installation *indispensable* de bassins de radoub.

Nous donnons ci-après le tableau des lignes de navigation, avec le matériel flottant qui leur serait nécessaire.

1° Rabat-Bordeaux-Casablanca-Rabat, 2 navires.
2° Rabat-Marseille-Casablanca-Rabat, 2 navires.
3° Rabat-Kénitra-Tanger-Oran-Marseille et retour, 2 navires.
4° Rabat-Casablanca, les ports du sud-Canaries et retour, 2 navires.
5° Pour toutes directions ou en réserves et réparations vapeurs, cargos et citernes, 4 navires.

Formant un total de 35 à 40.000 tonnes environ.

En mettant à 1.000 francs le prix du tonneau de jauge, les dépenses se chiffreraient ainsi qu'il suit :

35.000 tonneaux à 1 000 francs	35 millions
Installation à terre, remorqueurs etc... et imprévus.	8 »
Total....	43 millions

La réussite ne fait pas de doute, à la condition]d'administrer la société *commercialement*, avec contrôle, comme pour les chemins de fer.

On pourrait envisager plus tard, une liaison avec l'A. O. F. desservant : Port-Etienne, Saint-Louis, Dakar, les rivières du Sud, le Caméroun et le Congo Français.

CHAPITRE VII

CONCLUSION

La mise en valeur de l'Hinterland de Rabat-Salé, telle que nous la concevons, dépend essentiellement de la construction du port et des voies de communication. Elle exigera une dépense de :

Pour le port	25 à 30 millions
Pour le chemin de fer de Salé, Tiflet, Meknès.	35 millions

Pour les routes et railways du Tadla et du Bou-Regreg :

Voie ferrée	90 millions)	
Chaussées empierrées . . .	15 »)	105 millions

Total. . 170 millions

Mais financièrement l'Etat n'a rien à supporter pour la construction du port, puisque ce dernier est concédé. Resteraient donc 140 millions à trouver, à emprunter pour mieux dire, avec amortissement en 50 années, et *annuités* de 7 à 8 millions.

Nous avons trouvé plus haut un trafic de 280 francs, importation et exportation réunies par tête d'habitant de l'Hinterland et produisant un total de 170 millions. Il y a lieu de remarquer que l'annuité de 8 millions représente moins de 5 pour 100 de la valeur de ce commerce extérieur et, certainement moins de 2 °/₀ de la valeur de la production totale de l'Hinterland, qui atteindrait ainsi 400 millions, annuellement, soit : pour chacun des 600.000 habitants une production inférieure à 700 francs.

L'exécution des travaux devrait pouvoir s'échelonner sur une période *maximum* de 8 à 10 années ; savoir : 3 ou 4 années pour le port et la ligne ferrée Salé, Tiflet, Meknès à attaquer simultanément ; 5 ou 6 autres années pour la construction des deux *autres railways*. Ces délais sont certainement exagérés, par rapport à ceux qui furent nécessaires en Tunisie, en Egypte, en Australie et même en A. O. F. pour les mêmes objectifs.

Le chambre de commerce de Rabat doit son existence à l'esprit libéral de M. le Résident Général Lyautey. Ses membres désignés jusqu'ici par l'administration, vont être désormais élus par leurs pairs, commerçants et industriels de la circonscription. C'est surtout pour nos successeurs qu'a été établie la présente notice ; elle n'a qu'un mérite, celui d'être sincère, ou du moins d'avoir essayé de l'être. Avant de disparaître nous avons cru qu'il était indispensable d'exposer à la future chambre de commerce notre point de vue c'est-à-dire un raccourci de l'avenir de l'Hinterland de Rabat profondément relié à l'avenir de notre port.

La guerre aura eu pour conséquence de mettre au premier plan les questions économiques et de modifier en de nombreux cas, les errements anciens, de transformer en activité féconde *l'inertie, la passivité*, dans lesquelles se morfondait, s'enlisait le commerce français aux colonies, comme dans la Métropole ; les anciens partis à doctrines générales ne suffisent pas aux conditions nouvelles de l'existence. Au Maroc, il nous faut donc un *organe suprême*, groupant tous les intérêts, Commerce, Industrie, Agriculture, Arts, Métiers et même les Fonctionnaires.

Les Chambres de Commerce, d'Industrie et d'Agriculture peuvent constituer le noyau de cet organe suprême et par leur pratique de la discussion et des affaires, aider fortement à résoudre les problèmes essentiels, relatifs à la *colonisation, aux transports, aux douanes, aux impôts, aux logements* et même à la *politique sociale*.

La future chambre de commerce de Rabat, aura un beau rôle à soutenir, les yeux constamment fixés sur le but, sans dévier, sans défaillir. Ce but fut le nôtre pendant six années consécutives, au cours desquelles nous eûmes à discuter quelquefois âprement, toujours passionnément, pour démontrer le bien-fondé de nos projets et de nos espoirs. Ce but n'a pas varié, il reste toujours le même intangiblement, savoir :

Port de Rabat-Salé.
Chemin de fer — Rabat-Salé-Tiflet-Meknès.
Il convient d'y ajouter d'ores et déjà :
Railway du Tadla par Christian et l'Oued Zem.
Railway du Bou-Regreg — de Tiflet à Khénifra.

P^r la Chambre de Commerce de Rabat,

Le Secrétaire général,

L. Petit.

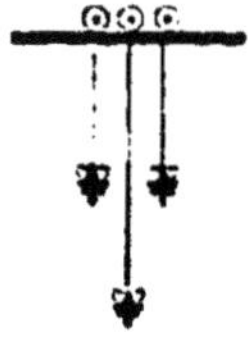

Bergerac. — Imp. Générale du Sud-Ouest (J. Castanet), place des Deux-Conils.

9 782329 067476